SENECA

Von der Kürze des Lebens
Vom glücklichen Leben

Glücklich sein wollten schon die Menschen in der Antike; und auch vor 2000 Jahren beklagte man sich über die Kürze des Lebens – nicht anders als heute. In seinen philosophischen Schriften *De brevitate vitae – Über die Kürze des Lebens* und *De vita beata – Vom glücklichen Leben* widmet sich Seneca diesen Klagen. Was er ihnen entgegenstellt, ist auch heute noch aktuell und bemerkenswert. Beeinflusst vom stoischen Gedankengut, rät der römische Philosoph, dem Leben und Tod mit Genügsamkeit, Weisheit und Gleichmut zu begegnen. Nur so kann ein erfülltes, glückliches Leben gelingen.

SENECA

Von der Kürze des Lebens

Vom glücklichen Leben

Reclam

Von der Kürze des Lebens

Aus dem Lateinischen übersetzt
und mit einem Nachwort
von Marion Giebel

1

Die meisten Menschen, mein lieber Paulinus, beklagen sich über die Missgunst der Natur: Nur für eine kurze Spanne Zeit werden wir geboren, und diese uns zugestandene Frist läuft so rasch, ja rasend schnell ab, dass das Leben die Menschen, mit nur wenigen Ausnahmen, verlässt, während sie sich gerade im Leben einrichten. Und über diesen allgemeinen Missstand haben nicht nur, wie man meinen könnte, die große Masse und das unvernünftige Volk lamentiert, auch bei berühmten Männern hat diese Empfindung Klagen hervorgerufen. Daher rührt der bekannte Stoßseufzer des berühmtesten aller Ärzte: »Kurz ist das Leben, lang die Kunst.« Daher auch der Hader des Aristoteles mit der Natur, ein Streit, der doch gar nicht zu einem Philosophen passt: »So viel an Lebenszeit hat die Natur den Tieren gegönnt, dass sie fünf oder zehn Lebensalter verbringen dürfen, während dem Menschen, obwohl er zu vielen und großen Aufgaben geschaffen wurde, eine so viel engere Grenze gezogen ist.«

Aber nein, wir haben keine zu geringe Zeitspanne, sondern wir vergeuden viel davon. Lang genug ist das Leben und reichlich bemessen auch für die allergrößten Unternehmungen – wenn es nur insgesamt gut angelegt würde. Doch sobald es in Verschwendung und Oberflächlichkeit zerrinnt, sobald es für keinen guten Zweck verwendet wird, dann spüren wir erst unter dem Druck der letzten Not: Das Leben, dessen Vergehen wir gar nicht merkten, ist vergangen. So ist es nun einmal: Wir haben kein kurzes Leben empfangen, sondern es kurz gemacht; keinen Mangel an Lebenszeit haben wir, sondern gehen verschwenderisch damit um. Es ist wie mit reichen und königlichen Schätzen: Sobald sie an einen schlechten Herrn kommen, sind sie im Nu vergeudet, während ein auch noch so bescheidenes Vermögen, wenn es einem tüchtigen Verwalter anvertraut ist, durch Nutzung wächst. So bietet unsere Lebenszeit dem, der sie gut einteilt, genügend Raum.

2

Wozu beklagen wir uns über die Natur? Sie hat sich doch gütig gezeigt: Das Leben ist lang, wenn du es zu nutzen verstehst. Doch den einen hält unersättliche Habgier gefangen, den anderen seine geschäftige Betriebsamkeit mit völlig überflüssiger Plackerei. Der wieder ertrinkt im Wein, der andere dämmert im Nichtstun dahin, wieder einen anderen zermürbt sein Ehrgeiz, mit dem er sich stets von der Meinung der anderen abhängig macht. Den nächsten führt die rastlose Begierde, Geschäfte zu machen, durch alle Länder, über alle Meere, in der Hoffnung auf Profit. Manche treibt die Begeisterung für den Kriegsdienst um: Ständig sind sie darauf aus, entweder andere in Gefahr zu bringen, oder sie bangen wegen Gefahren für sich selbst. Wieder andere reiben sich auf in freiwilliger Knechtschaft im Dienst für undankbare Herren. Viele hat das Streben nach fremdem Glück oder die Sorge um das eigene völlig vereinnahmt. Die meisten aber, die kein festes Ziel verfolgen, hat ihre Haltlosigkeit, die sie schwankend, unstet und mit sich selbst zerfallen macht, von einem Unternehmen zum andern getrieben. Manche finden an nichts Gefallen, worauf sie ihren Kurs richten könnten, vielmehr werden sie matt und schläfrig von ihrem Schicksal eingeholt. Daher kann ich nicht an der Wahrheit dessen zweifeln, was ein großer Dichter im Ton eines Orakels verkündet hat:

> Nur ein kleiner Teil des Lebens ist es, den wir leben.

Die gesamte übrige Spanne ist nicht Leben, sondern Zeit. Von allen Seiten bedrängen und umlagern die Laster die Menschen und lassen es nicht zu, dass sie sich wieder aufrichten oder die Augen zum Anblick der Wahrheit erheben, vielmehr drücken sie die Menschen in die Tiefe und halten sie an die Leidenschaft gefesselt. Niemals steht es ihnen frei, zu sich selbst zu kommen. Wird ihnen einmal zufällig Ruhe zuteil, werden sie doch wie auf hoher See, wo auch nach dem Sturm noch Wellenbewegung herrscht, hin und her geworfen, und niemals haben sie vor ihren eigenen Begierden Ruhe. Glaubst du, ich spreche von denen, deren misslicher Zustand jedem klar ist? Schau dir aber diejenigen an, zu deren Glück und Erfolg man sich herbeidrängt: Sie ersticken geradezu an ihren Gütern. Für wie viele ist der Reichtum eine Bürde! Wie vielen saugt ihre Begabung als Redner geradezu das Mark aus, da sie sich tagtäglich bemüht fühlen, ihr Talent unter Beweis zu stellen! Wie viele sind blass und bleich von ihren pausenlosen Vergnügungstouren! Wie vielen lässt der Schwarm von Klienten, der sie umdrängt, kein bisschen Freiheit mehr! Ja, nimm sie dir nur alle vor – vom Niedrigsten bis zum Höchsten: Der eine braucht einen Rechtsanwalt, ein anderer ist zur Stelle, der ist angeklagt, der verteidigt ihn, ein dritter ist der Richter. Keiner aber ist für sich selbst da, einer verschleißt sich für den andern. Frag nach denen, deren Namen man auswendig kennt: Du wirst sehen, sie unterscheiden sich nur dadurch, dass der ein Anhänger von jenem ist, der wieder von einem anderen. Sich selbst gehört keiner. Völlig unsinnig ist daher die Entrüstung mancher Leute: Sie beklagen sich über die verächtliche Behandlung durch Höhergestellte, weil diese bei ihrer Visite keine Zeit für sie hatten. Da bringt es einer fertig, sich wegen der Überheblichkeit eines anderen zu beklagen, während er doch für sich selbst niemals Zeit hat! Der andere hat doch für dich, wer du auch seiest, immerhin einen Blick gehabt, wenn auch von oben herab, er hat dir Gehör geschenkt, hat dich an seine Seite geholt – und dabei hast du es nie für wertgehalten, dich selber anzusehen oder anzuhören. Daher hast du keinen Grund, mit jemandem wegen solcher Gefälligkeiten abzurechnen: Als du sie nämlich erwiesen hast, ging es dir schließlich nicht darum, mit einem anderen zusammen zu sein, du konntest nur nicht mit dir selbst zusammen sein.

3

Wenn auch alle großen Geister, die jemals geglänzt haben, in diesem einen Punkt übereinstimmen: Niemals werden sie sich genug wundern können über diese Verblendung des menschlichen Geistes: Ihre Landgüter lassen die Leute von niemand in Besitz nehmen, und wenn der geringste Streit über den Grenzverlauf aufkommt, rennen sie nach Steinen und Waffen. In ihr eigenes Leben aber lassen sie andere eindringen, ja, sie führen sogar die künftigen Mitbesitzer selbst ein. Niemand findet sich, der sein Geld austeilen will, sein Leben aber – an wie viele verteilt es ein jeder! Knauserig sind sie, wenn es gilt, das ererbte Vermögen zusammenzuhalten, steht aber die Zeit auf dem Spiel, dann sind sie die größten Verschwender bei dem, worin doch einzig und allein Geiz eine Tugend wäre. Nehmen wir uns also einen aus dem Kreis der Älteren vor: »Du bist, wie wir sehen, an die äußerste Grenze des Menschenlebens gekommen: Hundert Jahre oder gar noch mehr hast du auf dem Buckel. Auf, zieh jetzt die Bilanz deines Lebens! Rechne aus, wie viel von dieser Zeit dich dein Gläubiger gekostet hat, wie viel die Geliebte, dein Vorgesetzter, dein Klient dir entzogen hat, wie viel die Streitereien mit der Gattin, die Bestrafung der Sklaven und wie viel dein geschäftiges Herumrennen in der Stadt. Nimm noch die Krankheiten hinzu, die wir uns selbst eingebrockt haben, und was ungenutzt brach liegen blieb – du wirst sehen, die Rechnung ergibt: Du hattest weniger Jahre als dein Lebensalter ergibt. Ruf dir ins Gedächtnis zurück, wann du bei einem Entschluss fest geblieben bist, wie wenige Tage so verlaufen sind, wie du es dir vorgenommen hattest, wann du überhaupt zu dir selbst gekommen bist, wann du einen ungekünstelten Gesichtsausdruck hattest, wann du innerlich ohne Aufregung warst, was du in einer so langen Lebenszeit geleistet hast, wie viele andere Menschen dein Leben ausgeräubert haben, ohne dass du merktest, was du eingebüßt hast, wie teuer dich grundloser Kummer zu stehen kam, törichte Freude, gierige Leidenschaft, schmeichlerische Unterhaltung, wie wenig dir von deiner Zeit geblieben ist. Du wirst einsehen müssen, dass du unreif stirbst.«

Was ist nun aber schuld daran? Ihr lebt so, als lebtet ihr ewig; niemals kommt euch eure Hinfälligkeit in den Sinn, nie achtet ihr darauf, wie viel Zeit schon vergangen ist. Als ob ihr sie in Fülle und im Übermaß hättet, verschwendet ihr sie. Dabei ist doch vielleicht gerade der Tag, den ihr für irgendeinen Menschen oder irgendeine Sache dahinschenkt, der letzte Tag. Alles fürchtet ihr wie Sterbliche, alles wollt ihr aber haben wie Unsterbliche. Von sehr vielen wirst du hören können: »Von meinem fünfzigsten Lebensjahr an will ich mich ins Privatleben zurückziehen, das sechzigste wird mich von allen Verpflichtungen entbinden.« Doch wer bürgt dir schließlich dafür, dass du so lange lebst? Wer wird es gestatten, dass alles so verläuft, wie du es dir einteilst? Schämst du dich nicht, nur die kümmerlichen Reste deines Lebens für dich zu behalten und für sinnvolle geistige Beschäftigung nur die Zeit zu bestimmen, die für kein anderes Geschäft mehr taugt? Es ist doch reichlich spät, erst dann mit dem Leben zu beginnen, wenn man es schon bald beenden muss! Und wie unvernünftig ist es, seine Sterblichkeit so weit zu vergessen, dass man gute Vorsätze auf das fünfzigste und sechzigste Lebensjahr verschiebt und erst in einem Alter zu leben beginnen will, das nur wenige erreichen!

4

Von mächtigen und hochgestellten Männern gibt es, wie du bemerken kannst, Äußerungen, in denen sie ihren Wunsch nach Muße aussprechen, deren Loblied singen und sie all ihren Gütern vorziehen. Sie wünschen sich bisweilen, wenn es ohne Gefahr möglich wäre, vom Gipfel ihrer Macht herabzusteigen. Denn wenn auch von außen keinerlei Beunruhigung oder Erschütterung eintritt, das Glück birgt den Keim seines Untergangs in sich.

Der verewigte Augustus, dem die Götter mehr als jedem anderen gewährten, hörte nicht auf, Ruhe für sich zu erbitten und um Befreiung von Staatsgeschäften zu ersuchen. In allen seinen Gesprächen kam er immer wieder auf diesen Punkt zurück: seine Hoffnung auf Muße. Mit diesem zwar trügerischen, aber doch süßen Trost, dass er sich irgendwann einmal selbst gehören würde, machte er sich seine Arbeitslast erträglich. In einem Brief an den Senat hatte er versprochen, seine Zurückgezogenheit werde durchaus nicht ohne Würde und nicht im Gegensatz zu seinem bisherigen hohen Ansehen stehen. Ich fand darin folgende Worte: »Freilich ist es schöner, solches zu halten als es nur zu versprechen. Doch hat mich das Verlangen nach der so sehnlich erwünschten Zeit so weit gebracht – da ja die Freude an der Verwirklichung bis jetzt noch auf sich warten lässt –, mir wenigstens durch die Schilderung dieses angenehmen Zustands einigen Genuss vorwegzunehmen.« So großartig erschien ihm die Muße, dass er sie, da er sie nicht verwirklichen konnte, in Gedanken vorwegnahm. Er, der sah, wie alles von seiner Person abhängig war, der über das Geschick von einzelnen Menschen und ganzen Völkern zu entscheiden hatte, für ihn war es die höchste Freude, an den Tag zu denken, an dem er seine Größe ablegen könne. Er wusste nur zu gut, wie viel Schweiß ihm jenes Glück abverlangte, das über die ganze Welt hin strahlte, wie viel geheime Sorgen sich dahinter verbargen. Zuerst gegen seine

Mitbürger, dann gegen seine Amtsgenossen, zuletzt gegen seine Verwandten sah er sich zur Entscheidung mit den Waffen gezwungen und hat Blut vergossen zu Wasser und zu Lande. Durch Makedonien, Sizilien, Ägypten, Syrien, Kleinasien und nahezu an alle Gestade wurde er im Krieg getrieben und hat die Heere, müde des Mordes an römischen Mitbürgern, in auswärtige Kriege geführt. Während er die Alpenländer befriedete und die Feinde bezwang, die mitten im Frieden in das Reich eingedrungen waren, während er über Rhein, Euphrat und Donau hinaus die Grenzen ausdehnte, da wurden in Rom selbst die Dolche eines Murena, Caepio, Lepidus, Egnatius und anderer Verschwörer gegen ihn geschärft. Noch war er ihren Mordanschlägen nicht entronnen, da waren es die eigene Tochter und so viele adlige junge Männer, durch Ehebruch wie durch einen Treueid an sie gebunden, die den schon vom Alter Gebeugten in Schrecken versetzten: Noch mehr und abermals war eine Frau in Verbindung mit Antonius zu fürchten. Diese Eiterbeulen hatte er mitsamt den Gliedern abgeschnitten, doch neue wuchsen nach. Wie bei einem Körper, der mit allzu vielem Blut gefüllt ist, brach immer wieder eine andere Stelle auf. Daher wünschte er sich Ruhe. In der Hoffnung und im Gedanken an sie fand er Erholung in seinen Mühen. Das wünschte sich ein Mann, der selbst die Macht hatte, die Wünsche anderer zu erfüllen.

5

Marcus Cicero musste sich herumschlagen mit Männern wie Catilina und Clodius, dazu solchen wie Pompeius und Crassus, teils offenen Feinden, teils zweifelhaften Freunden. Dabei geriet er zugleich mit dem Staat ins Wanken, hielt ihn im Sturz noch auf und wurde zuletzt doch mitgerissen, weder ruhig im Glück noch gefasst im Unglück – wie oft verwünschte er gerade sein Konsulat, das er nicht ohne Grund, aber ohne Ende gelobt hatte! Wie weinerlich drückt er sich aus in einem Brief an Atticus, damals, als Pompeius, der Vater, bereits besiegt war, sein Sohn aber in Spanien die gebrochene Heeresmacht wieder aufrichten wollte! »Was ich hier tue«, sagt er, »willst du wissen? Nun, ich sitze in meinem Tusculanum, nur zur Hälfte ein freier Mann.« Er fügt noch anderes hinzu, worin er über sein Leben in der Vergangenheit jammert, über die Gegenwart klagt und an der Zukunft verzweifelt. Nur zur Hälfte frei nennt sich Cicero. Doch wird sich ein Philosoph wahrhaftig nie zu einer solch niedrigen Bezeichnung herabwürdigen, niemals wird er ein nur halb freier Mensch sein, da er doch immer über eine unumschränkte und unerschütterliche innere Freiheit verfügt. Unabhängig und sein eigener Herr wird er immer sein und hoch über allen anderen stehen. Denn was kann über dem stehen, der über dem Schicksal steht?

6

Livius Drusus, ein Mann voll kämpferischer Tatkraft und Energie, hatte neue Gesetze eingebracht und damit die unheilvollen Unruhen der Gracchen wieder aufleben lassen. Umdrängt von einem gewaltigen Zustrom von Menschen aus ganz Italien, überblickte er nun den Ausgang des Geschehens nicht mehr: Er hätte es weder herbeiführen dürfen, noch konnte er es, einmal begonnen, einfach treiben lassen. Da soll er sein von Anfang an ruhe- und rastloses Leben verflucht und gesagt haben, ihm allein sei nicht einmal in der Kindheit freie Zeit vergönnt gewesen. Schon als Minderjähriger und in der Knabentoga hatte er es nämlich kühn unternommen, bei den Richtern für Angeklagte einzutreten und sich dabei so wirksam auf dem Forum einzusetzen, dass einige Verurteilungen, so viel steht fest, durch seinen Einfluss aufgehoben wurden. Wohin musste sich nicht ein so frühreifer Ehrgeiz versteigen? Das lag auf der Hand, dass so viel Vorwitz und Kühnheit für ihn selbst und für den Staat zu schlimmem Unheil führen würden. Zu spät kamen daher seine Klagen, er habe keine freie Zeit gehabt, er, der von Kindheit an ein unruhiger Geist und auf dem Forum ein Querulant gewesen war. Man ist sich nicht einig, ob er durch eigene Hand geendet hat. Plötzlich brach er nämlich mit einer Wunde im Unterleib zusammen, und mancher hat Zweifel, ob sein Tod ein freiwilliger war, keiner aber, dass er zur rechten Zeit kam.

Es wäre überflüssig, noch mehr Leute zu erwähnen, die anderen als wahre Glückskinder erschienen, während sie sich selbst gegenüber die Wahrheit eingestanden: Sie verwünschten nämlich alles, was sie in all den Jahren getan hatten. Mit diesen Klagen haben sie freilich weder andere verändert noch sich selbst. Denn kaum haben sie sich durch diesen Wortstrom erleichtert, fallen sie wieder in ihre gewohnten Schwächen zurück. Wahrhaftig, so wie ihr euer Leben führt – und mag es über tausend Jahre währen –, wird es auf eine winzige Spanne zusammenschnurren. Eine solch verkehrte Lebensführung wird ganze Jahrhunderte verschlingen. Obwohl diese Zeitspanne nach dem Gesetz der Natur flüchtig dahineilt, vermag die Vernunft sie auszudehnen. Euch aber muss sie freilich wie im Flug vergehen. Denn ihr ergreift sie nicht, haltet sie nicht fest, bringt dieses Flüchtigste aller Dinge nicht zum Verweilen, nein, ihr lasst sie davonlaufen, wie etwas, das entbehrlich ist und sich nach Belieben zurückholen lässt.

7

Das geht, meine ich, besonders die an, die für nichts als für Wein und Weib Zeit haben, die mieseste Beschäftigung überhaupt. Mögen sich andere vom Wahnbild eines eitlen Ruhmes bannen lassen – ihr Irrtum hat doch wenigstens einen glänzenden Schein. Nimm meinetwegen die Geizigen, die Jähzornigen, oder die ungerechtem Hass frönen oder Kriege entfachen – sie haben bei ihren Fehlern doch noch irgendwie etwas Mannhaftes an sich. Wer sich aber der Fresserei und Hurerei ergeben hat, ist schändlich tief gesunken. Prüfe nur einmal die gesamte Zeit solcher Menschen! Schau, wie lange sie herumrechnen, wie lange sie ihre hinterhältigen Pläne spinnen, sich ängstigen, andere hofieren, selbst hofiert werden, wie viel Zeit sie die Bürgschaftsleistungen kosten, eigene und fremde, wie viel ihre Gastmähler, die selbst schon zu zwanghaften Verpflichtungen geworden sind. Du wirst sehen, wie ihre – ob nun Glücks- oder Unglücksgüter – sie überhaupt nicht zu Atem kommen lassen.

Überhaupt ist man sich ja allgemein einig, ein mit allem Möglichen beschäftigter Mensch könne nichts sachgemäß ausüben, nicht die Redekunst, nicht die freien Künste und Wissenschaften, denn ein zerstreuter Geist kann nichts gründlich erfassen, er spuckt alles wieder aus, da es ihm gewissermaßen nur eingetrichtert worden ist. Nichts kann so ein Vielbeschäftigter weniger gut als leben, keine Sache ist ja so schwierig zu erlernen. Lehrer für die anderen Künste gibt es überall und genügend viele. Bei manchen von diesen Fertigkeiten kann man sehen, dass kleine Jungen sie schon so gut beherrschen, um anderen als Lehrmeister dienen zu können. Zu leben aber muss man das ganze Leben über lernen und – worüber du dich vielleicht noch mehr wundern wirst – das ganze Leben über muss man sterben lernen. So viele bedeutende Männer haben sich zunächst von allem losgesagt, was sie behindern konnte, wie Reichtum, Verpflichtungen, Vergnügungen, und haben sich dann bis ans Ende ihres Lebens mit dem einen beschäftigt: zu wissen, wie man lebt. Dennoch schieden die meisten von ihnen aus dem Leben mit dem Eingeständnis, sie wüssten es noch nicht – geschweige denn, dass die anderen es wissen. Glaube mir, nur ein großer und über menschliche Irrtümer erhabener Mensch bringt es fertig, sich nichts von seiner Zeit nehmen zu lassen, und daher ist für ihn das Leben am längsten: Solange es währte, stand es ihm ganz und gar zur Verfügung. Nichts davon ist brach gelegen und blieb ungenutzt, nichts hatte ein anderer mit Beschlag belegt. Er hat nämlich nichts gefunden, was es ihm wert gewesen wäre, dass er dafür seine Zeit eingetauscht hätte, über die er genau Buch führte. Deshalb reichte ihm seine Zeit auch aus, während sie denen fehlen musste, die sich von anderen Leuten so viel wegnehmen ließen.

Doch glaub nur nicht, diese würden ihren Verlust nicht eines Tages doch einsehen. Die meisten von denen, die unter den Segnungen ihres Glückes ächzen, die kann man im Kreis ihrer Klienten oder während ihrer Gerichtstätigkeit, oder was sonst zu ihrer ehrenvollen Misere gehört, ausrufen hören: »Mir ist es einfach nicht vergönnt zu leben!« Warum sollte es nicht vergönnt sein? Alle, die dich als Anwalt beanspruchen, entziehen dich dir selbst. Der Angeklagte da – wie viele Tage hat er dir weggenommen? Wie viel die Dienste für den Amtsbewerber dort? Wie viel Zeit kostete dich die alte Frau, die ganz erschöpft ist – so viele Erben hat sie schon zu Grabe getragen! Und der andere, der sich todkrank stellte, um die Habsucht der Erbschleicher zu erregen? Dazu noch der überaus einflussreiche Freund, der euch nicht zu seinen Freunden, sondern zu seinen Dienstleuten zählt! Prüfe einmal nach, sage ich, berechne die Tage deines Lebens: Du wirst feststellen, dass dir nur wenige geblieben sind – und dazu hast du sie noch nutzlos hingebracht. Da hat einer das ersehnte Konsulat erreicht, schon wünscht er es wieder niederzulegen und sagt immer wieder: »Wann ist mein Amtsjahr endlich herum?« Ein anderer veranstaltet Zirkusspiele – er nahm es so wichtig, dass ihm diese Aufgabe durch das Los zufiel. »Wann werde ich das wieder los sein?«, sagt er nun. Dann gibt es einen, um den sich auf dem ganzen Forum alle reißen, um ihn als Rechtsbeistand zu bekommen, riesige Menschenmengen drängen sich, sie reichen weiter, als man ihn überhaupt hören kann. »Wann endlich«, sagt er, »wird der Fall vertagt werden?« Jeder überstürzt sein Leben und leidet dabei, weil er das Zukünftige herbeisehnt, am Gegenwärtigen aber Überdruss hat. Wer jedoch seine gesamte Zeit nur zu seinem eigenen Gebrauch verwendet, wer jeden Tag so gestaltet, als sei es der letzte in seinem Leben, der braucht das Morgen weder herbeizuwünschen noch zu fürchten. Denn was könnte ihm schon diese oder jene Stunde an neuem Vergnügen bringen? Alles ist ihm bekannt, alles schon bis zur Neige ausgekostet. Über den Rest mag das Schicksal verfügen, wie es will. Sein Leben hat er bereits in Sicherheit gebracht. Man kann ihm noch etwas dazugeben, wegnehmen kann man ihm nichts, und geben nur so, wie man einem bereits Gesättigten noch etwas zu essen reicht: Er nimmt es, ohne noch Appetit darauf zu haben. Wenn einer graue Haare hat oder Runzeln, brauchst du deswegen nicht zu glauben, er habe lange gelebt: Er hat nicht lange gelebt, er ist einfach nur lange da gewesen. Oder meinst du, einer habe eine weite Seereise gemacht, wenn ihn schon beim Auslaufen aus dem Hafen ein wütender Sturm packte, ihn hierhin und dorthin verschlug und ihn im Wirbel der gegeneinander wütenden Winde immer auf der gleichen Bahn im Kreis herumtrieb? Der hat keine weite Seereise unternommen, er ist nur viel hin und her geworfen worden.

8

Ich wundere mich immer wieder, wenn ich sehe, wie manche die Zeit anderer beanspruchen und wie die sich allzu bereitwillig darauf einlassen. Beide Seiten sehen auf das, weswegen die Zeit beansprucht wird, auf die Zeit selber achtet keiner. Da wird sozusagen nichts gefordert und nichts gegeben. Mit der kostbarsten Sache der Welt geht man um wie mit einem Spielzeug. Das entgeht ihnen aber, weil diese Sache etwas Unkörperliches ist, weil man sie mit dem Auge nicht sehen kann, deshalb schätzt man sie so gering ein, ja, sie hat praktisch überhaupt keinen Wert. Jahresgehälter und Geldspenden nehmen die Menschen nur zu gerne an, und dafür geben sie ihre Arbeitskraft, Mühe und Hingabe drein, aber niemand schätzt die Zeit. Viel zu gleichgültig geht man mit ihr um, als hätte man sie umsonst. Aber schau dir nur die gleichen Leute an, wenn sie krank sind, wenn die Todesgefahr näher rückt: Da fallen sie den Ärzten zu Füßen, oder wenn sie vor dem Todesurteil beben: Alles, was sie haben, wollen sie dann gerne hingeben, nur um am Leben zu bleiben! Was für Widersprüche in ihren Gefühlen! Könnte man so wie die Zahl der vergangenen Jahre auch die der künftigen bei jedem bestimmen, wie würden dann diejenigen, die nur noch wenige übrig sähen, vor Angst zittern, wie sparsam würden sie mit ihnen umgehen! Nun ist es aber leicht, eine auch noch so geringe Menge einzuteilen, von der man weiß, wie viel es ist. Das aber muss man noch viel sorgfältiger hüten, von dem man nicht weiß, wann es zu Ende geht.

Dennoch darf man nicht glauben, die Leute hätten gar keine Ahnung davon, wie kostbar die Sache ist: Sie gebrauchen ja die Redensart, sie würden denen, die ihnen die liebsten sind, einen Teil ihrer Jahre schenken. Und so schenken sie, ohne sich dabei etwas zu denken. Sie schenken aber in einer Weise, dass die anderen keinen Zugewinn haben, sie selbst jedoch einen Verlust. Wovon sie da etwas verlieren, wissen sie nicht. Folglich scheint ihnen die Einbuße erträglich, da ihnen der Verlust verborgen bleibt. Niemand wird dir deine Jahre wiedererstatten, niemand wird dich dir selbst wiedergeben. Das Leben wird dahingehen, wie es begonnen hat, es wird in seinem Lauf nicht umkehren noch innehalten. Es wird kein Aufhebens machen, nicht mahnend auf sein rasches Dahineilen verweisen, lautlos wird es dahinfließen. Kein königlicher Befehl, keine Volksgunst wird es verlängern: So wie es am ersten Tag seinen Lauf begonnen hat, so wird es weiterlaufen, nirgends ein Abweichen, nirgends ein Aufenthalt. Was wird sein? Du bist beschäftigt, das Leben aber eilt dahin, unterdessen steht der Tod vor der Tür, für den du, ob du willst oder nicht, Zeit haben musst.

9

Kann es etwas Dümmeres geben als die Einstellung mancher Leute – gerade von solchen, die glauben, sie hätten die Klugheit gepachtet? Sie sind nur noch mehr beschäftigt: Um besser leben zu können, richten sie ihr Leben ein, aber eben auf Kosten dieses Lebens. Auf weite Sicht hin planen sie, dabei ist der größte Verlust für die Lebenszeit das Auf- und Hinausschieben. Das eben entzieht uns gerade den nächsten Tag, das entreißt uns das Jetzt, während es uns Versprechungen macht für später. Das größte Hindernis im Leben ist die Erwartung, die uns an das Morgen bindet und uns das Heute verlieren lässt. Was in der Hand des Schicksals liegt, darüber willst du verfügen; was du selbst in der Hand hast, das lässt du los. Wonach hältst du Ausschau, worauf richtest du deine Hoffnungen? Alles, was noch kommt, liegt im Ungewissen: Jetzt sollst du leben! Da erhebt unser größter Seher und Dichter seine Stimme und wie aus göttlichem Munde verkündet er den heilsamen Spruch:

> Immer der beste Tag aus dem Leben der armen Sterblichen fliehet zuerst!

»Was zauderst du«, sagt er, »was zögerst du? Wenn du die Zeit nicht packst, entflieht sie.« Und selbst wenn du sie gepackt hast, läuft sie dennoch davon. Also muss man gegen die Schnelligkeit der Zeit ankämpfen, indem man sie rasch nutzt. Es ist wie bei einem reißenden Sturzbach, wo man schnell schöpfen muss, da er nicht dauernd fließt. Auch das sagt unser Dichter sehr schön, wenn er, um das ewige Zögern zu tadeln, nicht vom besten Alter, sondern vom besten Tag spricht. Wie sorglos und gleichgültig gegenüber dem raschen Fluss der Zeit breitest du Monate und Jahre in langer Reihe vor dir aus, ganz so, wie es deinen gierigen Wünschen gefällt. Über den Tag spricht der Dichter mit dir, über den, der dir gerade eben entflieht. Kein Zweifel also, dass immer zuerst die besten Tage den armen Sterblichen, das heißt den Vielbeschäftigten, entfliehen. Immer noch kindisch ist ihr Gemüt, wenn sie das Greisenalter überfällt, in das sie unvorbereitet und ungerüstet geraten. Denn für nichts haben sie vorgesorgt, ganz plötzlich sind sie ahnungslos hineingestolpert. Dass es täglich näher rückte, haben sie gar nicht mitbekommen. Wie eine Unterhaltung oder Lektüre oder etwa ein angespanntes Nachdenken die Reisenden täuscht und sie schon angekommen sind, bevor sie merken, dass sie sich ihrem Ziel nähern, so ist es auch bei unserer Lebensreise. Sie läuft ununterbrochen und rasend schnell ab, im Wachen wie im Schlafen im gleichen Zeitmaß, und die allzu Beschäftigten merken es erst am Ende.

10

Wollte ich mein Thema im Einzelnen in Thesen und Argumente einteilen, hätte ich vieles zur Hand, um zu beweisen, dass das Leben der Vielbeschäftigten recht kurz ist. Fabianus, keiner von den heutigen Kathederphilosophen, sondern einer von den echten alten, sagte des Öfteren: »Gegen die Affekte, die bösen Neigungen und Schwächen, muss man energisch ankämpfen, nicht so zimperlich, und man kann ihre Front nicht mit leichten Stichverletzungen, sondern nur im Sturmangriff ins Wanken bringen.« Er hält nichts von Wortgeplänkel: »Gewaltsam niederwerfen muss man nämlich diesen Feind, ihm nicht nur die Haut ritzen.« Um solchen Leuten ihren Irrtum vorzuhalten, muss man sie freilich belehren und darf sie nicht nur bedauern.

In drei Zeiträume gliedert sich das Leben: was war, was ist, was sein wird. Davon ist der Zeitraum, in dem wir handeln können, kurz, was wir in der Zukunft tun werden, ist ungewiss, nur was wir getan haben, steht fest. Das allein ist es nämlich, worin das Schicksal sein Recht auf uns verloren hat und was in keine menschliche Verfügungsgewalt mehr zurückgebracht werden kann. Das aber geht den Geschäftigen verloren. Sie haben nämlich keine Zeit, um auf Vergangenes zurückzublicken, und wenn sie Zeit hätten, dann wären das für sie unangenehme Erinnerungen an Dinge, die man bereuen müsste. Nur ungern blicken sie deshalb in Gedanken zurück auf Zeiten, die sie vertan haben. Sie hüten sich, noch einmal an dem zu rühren, was bei erneuter Betrachtung als verfehlt erscheint, auch wenn man das damals, durch einen augenblicklichen Reiz verführt, gar nicht wahrgenommen hat. Nur wer alle seine Handlungen der eigenen ständigen Prüfung unterzogen hat, die niemals in die Irre geht, der wendet sich gern wieder der Vergangenheit zu. Wer aber vieles voller Ehrgeiz erstrebte, voll Hochmut geringschätzte, vieles unbeherrscht erobert, sich heimtückisch erschlichen, gierig geraubt, mit vollen Händen vergeudet hat – der muss sich zwangsläufig vor seinen Erinnerungen scheuen. Dabei ist dies der geheiligte und unantastbare Bereich unserer Lebenszeit, der allen menschlichen Schicksalsschlägen enthoben und der Herrschaft des Geschicks entzogen ist. Nicht Not, nicht Angst, kein Ansturm von Krankheiten kann hier beunruhigend wirken, hier kann nichts mehr gestört noch geraubt werden. Es ist ein Besitz für immer und frei von Sorgen. Nur einzelne Tage des Lebens sind jeweils gegenwärtig, und auch diese nur in Augenblicken. Die Tage aus der Vergangenheit aber werden alle, wenn man nur will, wieder gegenwärtig, und sie lassen sich nach Belieben betrachten und festhalten, wozu die Geschäftigen freilich keine Zeit haben. Nur ein Geist, der ohne Sorgen und in Gemütsruhe ist, kann alle Phasen seiner Lebenszeit durchlaufen, die Vielbeschäftigten aber sind, wie in ein Joch gespannt, nicht in der Lage, sich umzuwenden und zurückzublicken. So versinkt ihr Leben wie in ein tiefes Loch, und wie es nichts nutzt, wenn man etwas in ein Fass ohne Boden hineinschüttet, so kommt es gar nicht darauf an, wie viel Zeit einem gegeben wird, wenn nichts da ist, wo diese Zeit Halt findet: Wie durch angeschlagene und löchrige Gefäße rinnt die Zeit durch die Seelen hindurch.

Sehr kurz ist der gegenwärtige Zeitraum, so kurz, dass er auf manche wie ein Nichts wirkt. Die Zeit ist ja beständig im Fluss, strömt dahin wie eine Sturzflut; sie hört auf zu sein, ehe sie noch richtig da ist, und duldet kein Verweilen, wie das Weltall und die Gestirne, die in ihrer ewig rastlosen Bewegung niemals an demselben Punkt verharren. So ist es allein der gegenwärtige Moment, der den Vielbeschäftigten gehört, der aber ist so kurz, dass er sich nicht fassen lässt, und so entwindet er sich gerade denen, die sich in vielerlei Beschäftigungen verzetteln.

11

Willst du schließlich noch wissen, worin sich die Kürze ihres Lebens ausdrückt? Da schau dir an, wie begierig sie sind, möglichst lange zu leben. Klapprige alte Männer betteln unter Gelübden um die Zugabe von ein paar Jährchen. Sie machen sich selbst vor, noch jünger zu sein. Mit ihrer Schwindelei schmeicheln sie sich und betrügen sich nur zu gerne selbst, als ob sie damit auch das Schicksal täuschen könnten. Wenn sie dann aber durch eine körperliche Schwäche an ihre Sterblichkeit gemahnt werden, wie zittern sie dann vor Angst beim Sterben, nicht als gingen sie aus dem Leben, sondern als würden sie mitten herausgerissen! »Was für Narren waren wir doch«, so schreien sie, »dass wir nicht gelebt haben, und wenn wir nur aus dieser Krankheit noch einmal davonkommen, dann werden wir in aller Muße leben!« Nun kommt es ihnen zu Bewusstsein, wie vergeblich sie sich etwas geschaffen haben, was sie nicht genießen konnten, wie ihre ganze Mühe sinnlos vertan ist. Doch wer sein Leben fern von aller Geschäftigkeit führt, wie sollte es für den nicht lang sein? Nichts davon wird an andere abgegeben, nichts hierhin und dorthin verstreut, nichts dem Zufall überlassen, nichts verkommt durch Nachlässigkeit, nichts geht durch Verschenken verloren, nichts ist überflüssig, das Ganze steht sozusagen auf der Habenseite. Mag es auch noch so kurz sein, es reicht mehr als genug, und wenn der letzte Tag kommt, so wird der Weise ohne zu zögern festen Schrittes in den Tod gehen.

12

Du willst nun wohl genau wissen, welche Leute ich denn zu den Vielbeschäftigten rechne. Glaube ja nicht, ich meine damit nur diejenigen, auf die man bei Torschluss erst die Hunde loslassen muss, damit sie die Börsenhallen verlassen, solche, die du entweder in ihrer eigenen Klientenschar vor Zuvorkommenheit fast erdrückt oder in der Anhängerschaft anderer verächtlich herumgeschubst siehst. Oder nur diejenigen, denen ihre Verhältnisse über den Kopf gewachsen sind, so dass sie ihre Häuser verlassen und an fremde Türen klopfen müssen, und solche, die ihre unsauberen Geschäfte mit bisweilen ruinösem Ausgang dorthin treibt, wo die Lanze des Prätors zur Zwangsversteigerung aufgesteckt ist. Bei manchen Menschen ist selbst die Ruhe voller Geschäftigkeit: Auf ihrem Landgut oder auf ihrem Ruhebett, mitten in der Einsamkeit, obwohl sie sich von allem zurückgezogen haben, fallen sie sich selbst zur Last. Man kann nicht sagen, sie lebten in Muße, es ist eher ein müßiges Beschäftigtsein. Meinst du denn, der lebt in Ruhe, der korinthische Bronzegefäße, die durch die Sammlerwut einiger weniger kostbar und teuer geworden sind, mit peinlicher Sorgfalt restauriert und seinen Tag hauptsächlich mit rostigen Blechstückchen zubringt? Und der auf dem Sportplatz herumsitzt – es ist eine Schande: Wir leiden ja nicht nur an römischen Lastern – als eifriger Anhänger der nackten jugendlichen Ringkämpfer? Der die Truppe seiner geölten Ringer nach Alter und Hautfarbe in Paare einteilt? Der die neuesten Stars unter den Athleten finanziert? Und weiter: Meinst du, die widmen ihr Leben der Muße, die stundenlang beim Friseur sitzen, während das ausgezupft wird, was ihnen in der vergangenen Nacht etwa nachgewachsen ist? Da wird über jedes einzelne Härchen ein Rat abgehalten, das in Unordnung geratene Haar wird wieder glattgelegt oder das fehlende von hierher oder dorther in die Stirn gekämmt. Was für Zornausbrüche, wenn der Friseur ein wenig lässiger zu Werke ging, eben als frisiere er einen Mann! Was geraten sie in Weißglut, wenn etwas von ihrer Tolle abgeschnitten worden ist, wenn etwas nicht richtig liegt, wenn nicht alles wieder in Locken fällt! Das sind Leute, bei denen eher ihr Staat in Unordnung geraten darf als ihre Frisur! Es geht ihnen eher um ihren Hauptschmuck als um ihren Kopf. Lieber eine gute Frisur als ein gutes Ansehen! Was meinst du: Führen solche Leute ein Leben in Muße, die nur mit Kamm und Spiegel beschäftigt sind? Und was ist mit denen, die sich abmühen mit dem Komponieren, dem Anhören und Einüben von Liedern? Ihre Stimme, die die Natur in ihrem normalen Ton so schön und klar erklingen lässt, die verbiegen sie in albernem Ziergesang. Einige von ihnen trommeln ständig mit den Fingern: Sie schlagen den Takt zu einem Lied, das sie in Gedanken gerade komponieren. Und man hört sie leise vor sich hinsummen, auch wenn sie bei ernsten, ja oft sogar bei traurigen Anlässen dabei sind. Diese Leute haben doch keine Muße, sondern müßige Beschäftigung. Und erst ihre Gastmähler – die möchte ich wahrhaftig nicht zur Freizeit rechnen, wenn ich sehe, wie penibel sie ihr Silber ordnen, wie sorgfältig sie die Gewänder ihrer Lustknaben hochschürzen, wie gespannt sie sind, wie der Eber vom Koch kommt, in welchem Tempo ihre glatt geschabten Jüngelchen auf das Signal hin zum Servieren losstürzen, mit welcher Raffinesse das Geflügel in ja nicht zu große Portionen zerlegt wird, wie beflissen die armen kleinen Bübchen das Erbrochene der Betrunkenen aufwischen. Aus derlei Dingen gewinnt man den Ruf der feinen Lebensart und des guten Geschmacks, und ihre Schwächen folgen ihnen bis in den letzten Winkel ihrer Existenz, so dass sie nicht einmal essen und trinken können, ohne sich in Szene zu setzen. Auch von denen kann ich nicht behaupten, sie lebten in echter Muße, die sich im Tragsessel und in einer Sänfte hierhin und dorthin schleppen lassen und auf Pünktlichkeit bei ihren Gesundheitsausflügen achten, als ob sie von ihrem Stundenplan nicht abweichen dürften. Sie müssen sich jeweils von einem anderen daran erinnern lassen, wann sie zum Baden, zum Schwimmen oder zum Essen gehen müssen. So verzärtelt und erschlafft sind sie, dass sie von sich aus nicht mehr wissen, ob sie Hunger haben oder nicht. Von einem dieser Genießer – wenn man es überhaupt einen Genuss nennen kann, das normale Leben und die menschlichen Gewohnheiten verlernt zu haben – habe ich Folgendes gehört: Er wurde auf Händen aus dem Bad gehoben und in einen Sessel gesetzt, und da fragte er: »Sitze ich schon?« Dieser Mensch, der nicht einmal wusste, ob er sitzt – glaubst du, er weiß, ob er überhaupt lebt, ob er sieht, ob er Muße hat? Ich könnte schwerlich sagen, ob ich ihn mehr bedaure, wenn er das wirklich nicht gewusst hat oder wenn er nur so getan hat, als wüsste er es nicht. Bei vielen Dingen ist es ja wirklich Vergesslichkeit, bei vielem ist es aber auch nur gespielt; diese Leute gefallen sich geradezu in manchen Schwächen, die ihnen beweisen, wie glücklich sie sind. Das ist doch, meinen sie, ein völlig unbedeutender und verächtlicher Mensch, der von sich aus wissen muss, was er tut. Also jetzt glaub' nur noch, die Komödianten würden arg übertreiben, wenn sie die Genusssucht anprangern! Sie übergehen wahrhaftig mehr, als sie erdichten, und die Menge unglaublicher Laster ist in unserem Zeitalter so angewachsen – allein darin ist es erfindungsreich –, dass wir es den Komödianten eher ankreiden können, sie würden vieles auslassen. Es gibt da also einen, der ein solcher »Lebemann« ist, dass er sich bei einem anderen vergewissern muss, ob er sitzt oder nicht! Das ist doch kein Mensch, der in Muße lebt, den muss man anders nennen: Krank ist er, nein, tot. In Muße lebt doch, wer auch ein Bewusstsein von seiner Muße hat. Dieser nur noch Halblebendige aber, der, um den Zustand seines Körpers wahrzunehmen, einen Informanten braucht – wie kann der jemals Herr sein über einen Augenblick seiner Zeit?

13

Es würde zu weit gehen, jeden Einzelnen anzuführen, der sein Leben vertan hat mit Brett- und Ballspiel oder mit dem Ausdörren seines Körpers in der Sonnenhitze. Die leben nicht in Muße, die sich ihre Vergnügungen viel Mühe kosten lassen. Kein Zweifel auch, dass diejenigen auf mühsame Weise nichts tun, die sich dem Studium unnützer Wissenschaften widmen. Von denen gibt es auch bei den Römern schon eine ganze Menge. Das war geradezu eine Krankheit bei den Griechen: zu untersuchen, wie viel Ruderer Odysseus gehabt habe, ob die *Ilias* früher sei als die *Odyssee*, außerdem, ob beide vom gleichen Verfasser stammten. Und es gibt noch anderes von dieser Sorte; wenn du es bei dir behältst, verhilft es dir nicht zu innerer Erkenntnis, gibst du es aber weiter, wirkst du auf die Leute nicht als großer Gelehrter, du fällst ihnen eher auf die Nerven. Ja, auch die Römer hat die eitle Sucht befallen, überflüssiges Zeug zu lernen. Dieser Tage hörte ich einen Vortrag darüber, was jeder von den römischen Feldherrn jeweils als Erster getan habe. Als Erster hat Duilius in einer Seeschlacht gesiegt, Curius Dentatus hat als Erster in einem Triumphzug Elefanten mitgeführt. Diese Dinge haben zwar mit echtem Ruhm nichts zu tun, es geht aber immerhin noch um Exempel von großen Taten unserer Mitbürger. Nützen wird ein solches Wissen freilich nichts, doch fesselt es uns wenigstens durch den äußeren Glanz an sich belangloser Ereignisse. Denen, die es unbedingt wissen wollen, gestehen wir auch noch die Frage zu, wer die Römer als Erster dazu überredet hat, Schiffe zu besteigen. Es war ein Claudius, deswegen Caudex genannt, weil bei unseren Vorfahren ein Gefüge von mehreren Brettern *caudex* hieß. Danach werden die staatlichen Gesetzestafeln *codices* genannt, und die Schiffe, die den Tiber aufwärts Waren befördern, heißen nach alter Gewohnheit immer noch *codicariae*. Es mag auch noch von Interesse sein, dass Valerius Corvinus als Erster Messana besiegt hat und als Erster aus der Familie der Valerier, indem er den Namen einer eroberten Stadt auf sich übertrug, Messana genannt wurde. Und später hieß er Messala, weil sich in der volkstümlichen Aussprache nach und nach die Laute veränderten. Soll sich aber einer noch damit beschäftigen: Lucius Sulla hat als Erster bei seinen Zirkusspielen die Löwen freilaufend präsentiert, während sie sonst angekettet gezeigt wurden, und zwar deshalb, weil ihm vom König Bocchus von Mauretanien Schützen gesandt worden waren, die sie dann mit Wurfspießen erlegten? Mag sogar das noch hingehen – aber dass Pompeius zuerst einen Kampf von achtzehn Elefanten im Zirkus veranstaltete, wobei zum Tod verurteilte Menschen wie in einem richtigen Gefecht gegen sie antreten mussten – ist das für irgendetwas gut, wenn man es weiß? Der erste Mann im Staat und unter den Großen der Vergangenheit der Überlieferung nach ausgesprochen gutherzig – der hielt es für eine denkwürdige Art von Schauspiel, Menschen auf eine ganz neue Weise ums Leben zu bringen! Sie kämpfen auf Leben und Tod? Zu wenig. Sie werden zerfleischt? Zu wenig. Von der ungeheuren Masse der Tiere sollen sie zertrampelt werden. Es wäre besser, wenn dergleichen in Vergessenheit geriete, damit nicht später ein Gewalthaber daraus lernt und diese ganz und gar unmenschliche Tat noch neidvoll übertreffen will. Ach, wie sehr verdunkelt doch ein großes Glück unsern Verstand! Der da, Pompeius, sah sich damals als Herrn über die Natur, als er ganze Scharen von armen Menschen wilden Tieren vorwarf, die unter einem anderen Himmel geboren waren, als er einen Kampf zwischen so ungleichen Geschöpfen führen ließ, als er vor den Augen des römischen Volkes so viel Blut vergoss und das Volk bald zwingen sollte, selbst noch mehr zu vergießen. Aber derselbe Mann hat sich später von Alexandrias Treulosigkeit täuschen lassen und lieferte sich so der niedrigsten Kreatur aus, um ihn zu töten. Da erst erkannte er die eitle Prahlerei mit seinem Beinamen Magnus – »der Große«.

Doch ich will wieder darauf zurückkommen, wovon ich abgeschweift bin, und am gleichen Thema die überflüssige Gründlichkeit mancher Leute darlegen. Der vorher erwähnte Gelehrte hat auch noch Folgendes berichtet: Metellus habe nach seinem Sieg über die Karthager in Sizilien als Einziger von allen Römern vor seinem Triumphwagen hundertzwanzig erbeutete Elefanten herführen lassen. Sulla habe als Letzter der Römer das Stadtgebiet erweitert, was bei den Vorfahren nie üblich war bei einem Landgewinn in der Provinz, sondern nur bei einem in Italien. Das zu wissen – nützt das mehr, als dass der Aventinhügel außerhalb der Stadtgrenze liegt? Dafür nannte der Vortragsredner zwei Gründe: entweder weil das Volk dorthin ausgezogen sei, oder weil bei den Auspizien des Remus die Vögel diesem Ort nicht zugestimmt hätten. Und so weiter – zahlloses anderes Zeug, entweder völlig erlogen oder nicht weit davon. Denn auch zugegeben, die Leute erzählen das alles in gutem Glauben und verbürgen sich für die Wahrheit – wessen Irrtümer werden denn dadurch gemindert? Wessen böse Neigungen unterdrückt? Wen wird das tapferer, wen gerechter, wen anständiger machen? Unser Fabianus bekannte zuweilen, er sei im Zweifel, ob es nicht besser sei, erst gar keine Studien zu treiben als sich auf solche einzulassen.

14

Nur die allein leben in Muße, die ihre Zeit der Weisheit widmen: Sie allein leben. Sie hüten nämlich nicht nur ihre eigene Lebenszeit gut, sie fügen ihr auch noch jede Zeitepoche hinzu. Alle Jahre, die vor ihnen gelebt wurden, haben sie für sich gewonnen. Wenn wir nicht ganz und gar undankbar sind, dann sind doch all die berühmten Schöpfer des ehrwürdigsten Gedankenguts für uns geboren, haben uns den Weg zum rechten Leben gebahnt. Zum Edelsten und Schönsten, das durch die Mühe anderer aus der Finsternis ans Licht gebracht wurde, werden wir hingeführt. Kein Zeitalter ist uns verschlossen, zu allen haben wir Zutritt, und wenn wir hochgemut die Schranken menschlicher Schwäche überschreiten wollen, dann tut sich ein großer Zeitraum auf, den wir durchwandern können. Wir dürfen disputieren mit Sokrates, zweifeln mit Karneades, Ruhe finden mit Epikur, die menschliche Natur überwinden mit den Stoikern, mit den Kynikern sie hinter uns lassen. Da die Natur es uns gestattet, als Zeitgenosse in jede Epoche einzutreten, warum sollten wir uns da nicht von unserer kurzlebigen Augenblicksexistenz weg und mit ganzer Seele dem zuwenden, was unermesslich, was ewig ist, was uns mit Besseren in Verbindung bringt? Und da gibt es welche, die von einem Pflichtbesuch zum andern rennen, die sich und andere um ihre Ruhe bringen. Selbst wenn sie bei ihrem verrückten Treiben nichts ausgelassen, ihren tagtäglichen Rundgang zu allen Türschwellen gemacht haben, an keiner offenen Türe vorbeigegangen sind, wenn sie in allen möglichen Häusern bei ihrer Aufwartung die Hand aufgehalten haben – wie wenige Leute werden sie da antreffen, in einer so riesigen Stadt mit so vielerlei Zerstreuungen? Wie viele werden es sein, die ihren Besuch abweisen, da sie noch schlafen oder ihren Gelüsten frönen oder weil sie einfach unhöflich sind! Und wie viele, die sie erst quälend lange warten lassen und dann mit vorgespiegelter Eile an ihnen vorbeirennen! Wie viele vermeiden es überhaupt, durch das mit Klienten vollgestopfte Atrium zu gehen, sondern machen sich vielmehr durch ein Hintertürchen davon. Dabei ist es doch noch unfreundlicher, jemanden zu täuschen als ihn abzuweisen. Und wie viele sind vom gestrigen Rausch noch schlaftrunken und benommen. Angesichts der bedauernswerten Leute, die ihren eigenen Schlaf abgebrochen haben, um zu warten, bis ein anderer ausgeschlafen hat, bringen sie kaum die Zähne auseinander. Und wenn man ihnen den Namen tausendmal zugeflüstert hat, antworten sie darauf mit einem verachtungsvollen Gähnen! Nur die widmen sich, so meinen wir, den rechten Verpflichtungen, die sozusagen täglich mit Zenon, mit Pythagoras, Demokrit und den übrigen Größen der Wissenschaft, wie Aristoteles und Theophrast, möglichst vertrauten Umgang haben wollen. Jeder von ihnen hat Zeit, jeder wird den, der zu ihm kommt, empfangen und ihn glücklicher und als einen noch besseren Freund seiner selbst entlassen. Keiner wird einen mit leeren Händen von sich weggehen lassen. Bei Nacht wie bei Tag kann jeder Mensch bei ihnen Zutritt finden.

15

Von ihnen wird niemand dich zwingen zu sterben, aber jeder wird es dich lehren. Keiner von ihnen wird dich deine Jahre kosten, nein, sie geben dir noch ihre hinzu. Keiner von ihnen wird dich in ein gefährliches Gespräch verwickeln, keine Freundschaft wird dich den Kopf kosten, keinem musst du kostspielige Ehren erweisen. Du wirst von ihnen bekommen, was du nur willst. An ihnen wird es nicht liegen, wenn du nicht so viel davonträgst, wie du nur fassen kannst. Welches Glück, was für ein schönes Alter erwartet den, der sich in ihre Klientenschar begeben hat! Er wird Menschen um sich haben, mit denen er über die einfachsten wie über die schwierigsten Dinge nachdenken, die er täglich über sich selbst zu Rate ziehen kann, von denen er die Wahrheit ohne Beschämung, Lob ohne Schmeichelei hören und die er sich zum Vorbild nehmen kann. Wir sagen gewöhnlich, wir hätten nicht die Möglichkeit gehabt, uns unsere Eltern auszusuchen, da sie uns das Schicksal zugeteilt hat. Aber nach unserer eigenen Entscheidung aufzuwachsen, das steht uns frei. Es gibt Familien der edelsten Geister: Wähle aus, in welche du aufgenommen werden willst. Du wirst nicht nur dem Namen nach adoptiert, sondern auch Erbe ihrer Güter sein, und die wirst du nicht mit schmutzigem Geiz bewachen müssen: Sie werden umso größer werden, an je mehr Menschen du sie verteilst. Die Mitglieder deiner geistigen Familie werden dir den Weg zur Ewigkeit weisen und dich auf einen Platz erheben, von dem niemand herabgestürzt werden kann. Das ist die einzige Möglichkeit, die Grenzen der Sterblichkeit zu erweitern, ja sie in Unsterblichkeit zu verwandeln. Ehrentitel, Denkmäler und was sonst die Ehrsucht durch Beschlüsse verordnet oder durch Bauwerke errichtet hat, das stürzt schnell wieder ein, alles zerstört und vernichtet die Länge der Zeit. Was aber die Weisheit geheiligt hat, das kann keinen Schaden erleiden. Kein Zeitalter wird es vernichten, keines mindern. Die folgende und auch jegliche noch ferne Zeit wird etwas zur Verehrung beitragen, denn der Neid zielt nur auf das Naheliegende, während wir das Fernere unvoreingenommen bewundern. Das Leben des Weisen erstreckt sich also über einen weiten Raum, ihn schließen nicht die gleichen Grenzen ein wie die übrigen Menschen. Er allein ist frei von den Zwängen der menschlichen Natur. Alle Jahrhunderte dienen ihm wie einem Gott. Ist eine Zeit für ihn vergangen, dann hält er sie in der Erinnerung fest. Ist sie gegenwärtig, nutzt er sie. Wird sie kommen, dann nimmt er sie vorweg. Sein Leben wird dadurch lang, dass er alle Zeiten in eine einzige zusammenfasst.

16

Sehr kurz und sorgenreich ist dagegen die Lebenszeit derjenigen, die das Vergangene vergessen, das Gegenwärtige vernachlässigen, vor der Zukunft Angst haben. Wenn sie ans Ende gekommen sind, dann erkennen die Ärmsten zu spät, dass sie so lange beschäftigt waren, ohne doch wirklich etwas zu tun. Und wenn sie bisweilen selber den Tod herbeirufen, dann soll das für dich kein Beweis dafür sein, dass sie ein langes Leben führen. Ihr Unverstand quält sie mit vagen Empfindungen, die gerade auf das hintreiben, wovor sie sich ängstigen. Gerade deswegen wünschen sie oft den Tod herbei, weil sie ihn fürchten. Auch darf es dir nicht als Beweis dafür dienen, dass sie lange leben, wenn ihnen der Tag oft lang wird und sie sich beklagen, die Stunden schlichen nur so dahin, bis endlich die festgesetzte Zeit zum Essen kommt. Wenn ihnen nämlich einmal die Beschäftigungen ausgegangen und sie ihrer Muße überlassen sind, dann fühlen sie sich verdrießlich und wissen nicht, was sie mit ihr anfangen sollen, um sie herumzubringen. Daher verlangen sie nach irgendeiner Beschäftigung, und die ganze Zeit dazwischen ist ihnen lästig. Ja, es ist gerade so, wie wenn der Tag für Gladiatorenkämpfe angesetzt ist oder wenn sie den Termin für irgendein anderes Schauspiel oder ein Vergnügen erwarten: Dann wollen sie die Tage dazwischen am liebsten überspringen. Wird etwas Ersehntes hinausgeschoben, erscheint die Zeit lang, während sie bei unseren Lieblingsbeschäftigungen kurz ist und rasch vergeht. Aber diese Leute machen sich die Zeit durch ihre eigene Schuld noch viel kürzer. Sie flüchten nämlich von einer Sache zur anderen und können es nicht bei einem einzigen Vergnügen aushalten. Ihnen sind die Tage nicht lang, sondern geradezu verhasst. Wie kurz erscheinen ihnen dagegen die Nächte, die sie in den Armen von Dirnen oder beim Wein hinbringen! Dazu gehört auch der Wahnsinn der Dichter, die mit ihren Fabeleien die menschlichen Verirrungen noch nähren: Ihnen zufolge hat Jupiter, von der Lust am Beischlaf verführt, die Nacht doppelt so lang gemacht. Das heißt doch nichts anderes, als unsere Laster noch zu schüren, wenn man die Götter als deren Anstifter hinstellt und unseren krankhaften Verirrungen durch göttliches Beispiel einen Freibrief ausstellt! Könnten ihnen die Nächte nicht deshalb so kurz vorkommen, weil sie sie so teuer erkaufen? Den Tag verlieren sie in Erwartung der Nacht, die Nacht aus Furcht vor dem Tageslicht.

17

Selbst bei ihren Vergnügungen werden sie von Furcht und vielerlei Schrecknissen in Unruhe versetzt, und im höchsten Freudentaumel beschleicht sie der sorgenvolle Gedanke: »Wie lange geht das noch?« Aus dieser Stimmung heraus haben Könige Tränen vergossen über ihre Macht. Sie konnten sich nicht an der Größe ihres Glückes freuen, vielmehr hat sie das irgendwann einmal bevorstehende Ende in Schrecken versetzt. Der hochmütige Perserkönig Xerxes hatte sein Heer in den weiten Räumen einer Ebene ausgebreitet, wo er nicht dessen Zahl, sondern nur den Umfang abschätzen konnte, und da vergoss er Tränen, weil in hundert Jahren von so viel jungen Menschen keiner mehr am Leben sein würde. Dabei war doch er selbst, der da um sie weinte, gerade dabei, ihnen dieses Verhängnis zu bereiten, indem er sie, sei es auf dem Meer, zu Lande, in der Schlacht oder auf der Flucht, zugrunde gehen ließ – in kurzer Zeit würde er die vernichten, um die er auf hundert Jahre hinaus jammerte. Ja, so sind selbst die Freuden dieser Menschen voller Ängste! Sie ruhen auf keinem festen Grund; die innere Haltlosigkeit, aus der sie hervorgehen, bringt Erschütterungen hervor. Was müssen das aber erst für Zeiten sein, was meinst du, die sogar nach ihrem eigenen Eingeständnis unglücklich sind! Dabei ist doch schon der Zeitraum, in dem sie sich ihrer Erfolge rühmen und sich weit über andere Menschen erhaben dünken, durchaus kein reines Glück. Je größer das Gut, desto größer die Sorge, und gerade dem höchsten Glück kann man am wenigsten trauen. Um sein Glück zu erhalten, braucht man wieder Glück, und für die Gelübde, die sich erfüllt haben, muss man neue Gelübde tun. Denn alles, was der Zufall bringt, ist unbeständig; je höher sich etwas erhebt, desto mehr ist es dem Fall ausgesetzt. Was aber vom Fall bedroht ist, daran kann man keine echte Freude haben. Nicht nur recht kurz, sondern recht elend muss also das Leben solcher Menschen sein, die sich mit großer Mühe das erwerben, was sie nur mit noch größerer Mühe in ihrem Besitz halten können. Unter Anstrengungen erreichen sie, was sie wollen, ängstlich halten sie fest, was sie erreicht haben. Inzwischen aber rechnen sie nicht mit der Zeit, die niemals wiederkehren wird. Neue Beschäftigungen treten an die Stelle der früheren, eine Hoffnung weckt die andere, ein ehrgeiziges Bestreben löst das andere ab. Man will dem Übel kein Ende machen, nur das Objekt ändert sich. Unsere Ehrenämter waren uns zur Plage geworden – noch mehr Zeit nehmen uns nun fremde weg. Als Amtsbewerber treten wir nicht mehr auf – als Wahlhelfer für andere fangen wir wieder von vorne an. Die Bürde des Anklägers haben wir niedergelegt, dafür haben wir das Richteramt auf uns genommen. Richter zu sein, das hat einer aufgegeben, nun ist er Vorsitzender der Untersuchungskommission. Mit bezahlter Verwaltung fremden Besitzes ist einer alt geworden, nun wird er durch sein eigenes Vermögen in Anspruch genommen. Marius hat die Soldatenstiefel ausgezogen – jetzt macht er Dienst als Konsul. Quinctius Cincinnatus beeilt sich, seine Amtszeit als Diktator hinter sich zu bringen – man wird ihn vom Pflug weg wieder zurückholen. Noch gar nicht reif für solch eine Riesenaufgabe wird Scipio gegen die Karthager ziehen – Scipio: er, der Sieger über Hannibal, Sieger über König Antiochos, das Glanzstück seines eigenen Konsulats, Bürge für das seines Bruders. Wenn er nicht von sich aus Einhalt geböte, würde sein Standbild neben dem Jupiters aufgestellt. Aber ihn, den Retter des Vaterlandes, werden Unruhen in der Bürgerschaft in Bedrängnis bringen, und nachdem er als junger Mann göttergleiche Ehren verschmäht hatte, wird ihm im Alter nur noch die Freude bleiben, voller Trotz und Eigensinn ins Exil zu gehen. Nie wird es an Gründen fehlen, sich Sorgen zu machen, ob im Glück oder im Unglück. Von einer Belastung zur andern stößt dich das Leben, die Muße wird man niemals genießen, sie bleibt immer ein Wunschtraum.

18

Trenne dich also von der großen Masse, mein lieber Paulinus, und ziehe dich endlich in einen ruhigeren Hafen zurück – du bist ja für deine Jahre schon über Gebühr umgetrieben worden! Bedenke doch nur, wie vielen Fluten du schon ausgesetzt warst, wie viel Stürme du im Privatleben ausgehalten, wie viele du in der Öffentlichkeit auf dich gezogen hast. In mühevoller und rastloser Tätigkeit hast du schon genügend Beweise deiner Tüchtigkeit gegeben. Probiere jetzt, was sie in der Muße leistet. Den größeren Teil deines Lebens, gewiss den besseren, hast du dem Staat gewidmet: Etwas von deiner Zeit nimm nun auch für dich! Ich rufe dich ja nicht zu träger, tatenloser Ruhe auf: Du sollst nicht alles, was an lebendiger Energie in dir steckt, untergehen lassen im Schlaf und in Genüssen, wie die Masse sie liebt. Das heißt ja nicht »zur Ruhe kommen«. Du wirst vielmehr Größeres finden als all deine bisher so tatkräftig erfüllten Aufgaben, und damit wirst du dich in sicherer Zurückgezogenheit beschäftigen. Du führst freilich die Rechnungsbücher des Weltreiches so uneigennützig wie die von Fremden, so sorgfältig wie deine eigenen, so gewissenhaft, als lägen sie öffentlich zur Prüfung aus. Du gewinnst dir Beliebtheit in einem Amt, in dem es doch schwer ist, Anfeindung zu vermeiden, aber dennoch, glaub mir, ist es besser, über sein eigenes Leben Rechenschaft ablegen zu können als über die staatliche Getreideversorgung. Deine Geisteskraft, in höchstem Maße befähigt für hohe Aufgaben – rufe sie nun zurück von einem Amt, das zwar ehrenvoll ist, aber nicht ausreicht, um ein glückliches Leben zu führen. Und bedenke: Du hast nicht deshalb von frühester Jugend an das Studium sämtlicher Wissenschaften betrieben, damit man dir dann viele tausend Scheffel Getreide unbesorgt anvertrauen kann. Einen anderen Höhenflug des Geistes konnte man von dir erwarten. An Männern, die gründlich wirtschaften und sich mit Arbeitseifer einsetzen, wird es nicht fehlen. Viel geeigneter für den

Transport von Lasten sind doch träge Zugtiere als stolze Pferde – wer hat die edlen Renner jemals mit schwerem Gepäck belastet? Bedenke außerdem, wie viel Sorgen und Unruhe es mit sich bringt, wenn du dich weiterhin einer so großen Belastung aussetzt: Mit dem Magen der Menschen hast du es zu tun. Leute, die hungern, hören auf kein vernünftiges Argument, lassen sich durch kein annehmbares Angebot besänftigen oder durch Bitten bewegen. Eben erst, eben innerhalb der wenigen Tage, als Kaiser Caligula umkam – wenn es in der Unterwelt noch so etwas wie ein Bewusstsein gibt, dann ärgert er sich maßlos darüber, dass er abtreten musste, während das römische Volk am Leben blieb –, da waren kaum noch für sieben oder acht Tage Lebensmittel vorrätig! Während er Schiffsbrücken baute und die Staatsfinanzen ruinierte, war das eingetreten, was selbst für Belagerte das schlimmste Übel ist: Nahrungsmittelmangel. Untergang fast und Hungersnot, und was auf Hunger folgt, ein allgemeiner Zusammenbruch – das war der Preis dafür, dass Caligula den fremden König Xerxes nachahmen wollte, mit seinen hochfliegenden und fatalen Unternehmungen! Wie war damals den Verantwortlichen für die staatliche Getreideversorgung zumute, als sie sich Steinwürfen, Schwertern, Feuerbränden, ja Caligula selbst gegenübersahen? Mit größter Verstellungskunst verbargen sie die schlimmen Missstände im Innern, und zwar aus gutem Grund. Manche Leiden müssen nämlich ohne Wissen des Patienten behandelt werden. Für viele war es ja die Ursache für ihren Tod, dass sie über ihre Krankheit Bescheid wussten.

19

Zieh dich auf das zurück, was ruhiger, sicherer und wichtiger ist! Meinst du, da sei doch wenig Unterschied, ob du dafür sorgst, dass das Getreide ohne Schädigung durch Betrügerei oder Nachlässigkeit der Lieferanten in die Magazine kommt, dass es nicht Feuchtigkeit zieht, verdirbt und auskeimt, dass Maß und Gewicht stimmen – oder ob du an diese heiligen und erhabenen Themen herangehst, um Folgendes zu erfahren: Aus welcher Substanz besteht die Gottheit, wie ist ihre Willensentscheidung, ihr Zustand, ihre Gestalt, welches Schicksal erwartet deine Seele und wohin versetzt uns die Natur, wenn wir vom Körper befreit sind? Welches Prinzip hält in unserem Weltall die schwersten Körper in der Mitte, lässt darüber das Leichte schweben und das Feuer ganz nach oben steigen und bewegt die Gestirne auf ihren wechselnden Bahnen, und was es sonst noch an unermesslich Wunderbarem gibt? Willst du dich nicht von der Erde erheben und mit dem Auge deines Geistes dorthin blicken? Jetzt, solange das Blut noch warm und die Kräfte noch frisch sind, muss man sich auf den Weg zum Besseren machen. Es erwartet dich in diesem Lebensbereich eine Fülle von Erkenntnissen aus den Wissenschaften, Liebe zu den höchsten Tugenden und Übung in ihnen, Vergessen der Leidenschaften, das Wissen um Leben und Sterben, tiefe Seelenruhe.

20

All die Vielgeschäftigen befinden sich demgegenüber in einer traurigen Lage, am traurigsten aber sieht es für diejenigen aus, die sich nicht einmal mit ihren eigenen Geschäften herumplagen, die ihren Schlaf nach dem eines anderen, ihre Tritte nach dem Schritt eines anderen richten und sich sogar das Lieben und Hassen, die allerfreiesten menschlichen Regungen, befehlen lassen müssen. Wenn sie wissen wollen, wie kurz ihr eigenes Leben ist, dann sollten sie bedenken, welch ein kleiner Teil davon nur ihnen gehört.

Wenn du also siehst, wie einer immer wieder die Amtstracht anlegt, seinen Namen auf dem Forum feiern lässt, dann beneide ihn nicht: Dergleichen geht auf Kosten des Lebens. Damit ein einziges Jahr nach ihnen gezählt wird, opfern sie alle ihre Jahre auf. Manche hatten sich noch nicht zum Gipfel ihres Ehrgeizes emporgearbeitet und mühten sich noch auf den ersten Stufen ab – da verließ sie das Leben. Manchen, die sich durch tausend Würdelosigkeiten zur höchsten Würde hinaufgekämpft hatten, kam auf einmal der triste Gedanke, sie hätten sich nur für ihre Grabinschrift abgemüht. Manche hat, während sie im hohen Alter noch wie in der Jugend neue hoffnungsvolle Pläne machten, mitten in ihren großen und übertriebenen Unternehmungen die Kraft verlassen. Ein schmähliches Bild gibt einer ab, der im hohen Alter noch einen Prozess führt für Leute, die ihn gar nichts angehen, und nach dem Beifall einer unverständigen Menge hascht, wobei ihm dann der Atem endgültig ausgeht. Beschämend wirkt auch, wer, vom Leben eher als von der Arbeit erschöpft, mitten in seinen Amtsgeschäften zusammengebrochen ist, und ein blamables Bild bietet derjenige, der sich auf dem Sterbebett noch Rechnungen vorlegen ließ und dann von seinem Erben, den er lange hingehalten hatte, ausgelacht wurde! Ein Beispiel, das mir gerade in den Sinn kommt, kann ich nicht übergehen: Sextus Turannius war ein alter Mann von höchster Gewissenhaftigkeit. Als er nach Vollendung seines neunzigsten Lebensjahres von Kaiser Caligula aus seinem Amt als Verwalter der Getreideversorgung entlassen wurde, ohne dass er um seinen Abschied ersucht hatte, da ließ er sich aufbahren und von der umstehenden Dienerschaft wie einen Toten beklagen. Das ganze Haus bejammerte den Ruhestand seines greisen Herrn und beendete die Trauer erst, als ihm sein anstrengendes Amt zurückgegeben worden war. Macht es wirklich so viel Freude, bis in den Tod hinein tätig zu sein? So denken aber recht viele: Ihr Verlangen nach Tätigkeit reicht weiter als ihre Kraft. Sie kämpfen gegen ihre körperliche Schwäche an, und das Alter selbst sehen sie nur deshalb als drückende Last an, weil es sie beiseitestellt. Dem Gesetz nach wird keiner ab dem fünfzigsten Lebensjahr mehr zum Wehrdienst eingezogen, vom sechzigsten an wird niemand mehr in den Senat berufen: Schwerer aber erreichen die Menschen von sich selbst den Ruhestand als vom Gesetz. Während sie aber selbst hin und her gedrängt werden und andere wegdrängen, während einer dem andern die Ruhe stört, erst der eine, dann der andere elend ist, bleibt ihr Leben ohne Gewinn, ohne Freude, ohne irgendeine Art geistigen Wachstums. Keiner stellt sich den Tod vor Augen, jeder richtet seine Hoffnung auf eine ferne Zukunft. Manche treffen sogar noch Anordnungen über ihr Leben hinaus: mächtige Grabanlagen, Stiftungen für öffentliche Bauten, Gladiatorenkämpfe am Scheiterhaufen, Beisetzungen mit allem Prunk. Aber wahrhaftig – solche Menschen sollten beigesetzt werden, als ob sie nur ganz kurz gelebt hätten, bei Fackelschein und Kerzenlicht, wie bei Kinderbegräbnissen.

Anmerkungen

7,11 f. *Kurz ist das Leben, lang die Kunst:* Hippokrates (um 460–370 v. Chr.), *Aphorismen* 1,1.

8,23 *ein großer Dichter:* Gemeint ist der griechische Komödiendichter Menander (342–291 v. Chr.), der oft mit Aussprüchen der Lebensweisheit zitiert wird.

9,11 *Klienten:* Angehörige meist sozial niedrigerer Schichten in Rom, die sich dem Schutz eines Höherrangigen, ihres Patrons, unterstellt hatten. Dieser unterstützte sie mit Geld und anderen *beneficia* (›Wohltaten‹), dafür bildeten sie seinen Anhang in der Öffentlichkeit und gaben ihm bei Wahlen ihre Stimme. Morgens machten sie ihrem Patron die Morgenvisite und erwarteten ein Geldgeschenk oder eine Einladung zum Gastmahl. Zu den Klienten gehörten mittellose Dichter, aber auch Wichtigtuer und Schmarotzer (satirisch dargestellt bei Horaz, Juvenal und Martial).

9,16 f. *deren Namen man auswendig kennt:* Man musste einflussreiche Personen mit ihrem Namen begrüßen; es gab dafür eigens einen Sklaven, den *nomenclator*, der seinen Herrn begleitete und ihm die betreffenden Namen zuflüsterte.

10,23 *Krankheiten …, die wir uns selbst eingebrockt haben:* Durch den unsinnigen Tafelluxus, den Seneca öfters kritisiert. Zu Senecas Zeitkritik allgemein vgl. Marion Giebel, *Seneca*, Reinbek b. Hamburg [7]2012, S. 116 f.

12,33–13,3 *gegen seine Mitbürger, … Amtsgenossen, … Verwandten:* Gaius Iulius Caesar Octavianus (63 v. Chr. – 14 n. Chr.), der spätere Augustus, Adoptivsohn und Erbe Iulius Caesars, kämpfte zunächst im Bürgerkrieg nach der Ermordung Caesars (100–44 v. Chr.) zusammen mit Marcus Antonius (um 86–30 v. Chr.) gegen seine Mitbürger: die Caesarmörder Brutus (85–42 v. Chr.) und Cassius (vor 85–42 v. Chr.), dann gegen seine Kollegen im Triumvirat, Marcus Aemilius Lepidus (um 90–12 v. Chr.) und Antonius. Mit den Verwandten sind S. Pompeius (um 67–35 v. Chr.), ein Verwandter von Octavians früherer Gattin Scribonia (um 65 v. Chr. – nach 16 n. Chr.), und wiederum Antonius, sein früherer Schwager, gemeint. Der Sieg über Antonius und Kleopatra (69–30 v. Chr.) bei Actium 31 v. Chr. brachte ihm die Alleinherrschaft über das Römische Reich.

13,16 f. *Frau in Verbindung mit Antonius zu fürchten:* Iulia (39 v. Chr. –

14 n. Chr.), die einzige Tochter des Augustus, wurde, in Verbindung mit dem Vorwurf eines sittenlosen Lebenswandels, verdächtigt, sich mit Iullus (45–2 v. Chr.), dem Sohn des Antonius, des einstigen Gatten der Kleopatra, gegen ihren Vater verschworen zu haben. Iullus, 2 v. Chr. zum Tode verurteilt, beging Selbstmord, Iulia wurde auf Lebenszeit verbannt (vgl. Sueton, *Augustus* 64 f.).

14,3 *Catilina und Clodius, ... Pompeius und Crassus:* Cicero (106–43 v. Chr.) schlug als Konsul 63 v. Chr. die Verschwörung des Catilina nieder und verfasste in seinem Landhaus, dem Tusculanum, ein Epos in drei Büchern über sein Konsulat, das er zur Veröffentlichung an seinen Freund Atticus (110–32 v. Chr.) sandte. Er wandte sich gegen die demagogische Politik des Volkstribunen P. Clodius (um 92–52 v. Chr.) wie auch gegen das Machtstreben von Crassus, Pompeius und Caesar. Im Bürgerkrieg, den Cicero vergebens zu verhindern gesucht hatte, siegte Caesar bei Pharsalos 48 v. Chr. über Pompeius; nach dessen Tod kämpfte sein Sohn Sextus vergeblich für die Sache seines Vaters. Den Siegern im Bürgerkrieg nach Caesars Ermordung, Antonius und Octavianus-Augustus, fiel auch Cicero zum Opfer.

15,2 *Livius Drusus:* Volkstribun 91 v. Chr., nahm die am Widerstand der Senatspartei gescheiterte Reformbewegung der Brüder Tiberius (162–133 v. Chr.) und Gaius (153–121 v. Chr.) Gracchus wieder auf; er wollte den römischen Bundesgenossen in Italien das Bürgerrecht verschaffen, was zu Unruhen führte.

22,18 f. *Immer der beste Tag aus dem Leben der armen Sterblichen fliehet zuerst*: Vergil (70–19 v. Chr.), *Georgica* 3,66 f. Berühmt ist auch sein Ausspruch: *Sed fugit interea, fugit irreparabile tempus* – »Aber es flieht inzwischen die Zeit, flieht unwiederbringlich« (*Georgica* 3,284).

24,4 *Fabianus:* Papirius Fabianus, stoischer Philosoph, auch rhetorisch geschult, Lehrer Senecas.

25,1–4 *Dabei ist dies ... des Geschicks entzogen ist:* vgl. den Ausspruch: »Die Erinnerung ist das einzige Paradies, aus welchem wir nicht getrieben werden können.« (Jean Paul, »Impromptü's, welche ich künftig in Stammbücher schreiben werde«, in: J. P., *Sämmtliche Werke*, Berlin 1842, Bd. 32, S. 80.)

27,4 f. *Hunde ... Börsenhallen:* In den Hallen, wie auf dem Forum Boarium und Holitorium, wurden nicht nur Waren verkauft, sondern auch Spekulationsgeschäfte gemacht. Abends schickte man Hunde hinein, um dunkle Existenzen zu vertreiben.

30,3 f. *Ausdörren seines Körpers in der Sonnenhitze:* Man hielt dies für gesund, weil dadurch dem Körper überflüssige Feuchtigkeit entzogen werde.

31,9 f. *Pompeius … Kampf von achtzehn Elefanten:* Diese Spiele wurden kritisiert wegen ihrer Grausamkeit; die Zuschauer hatten Mitleid mit den Elefanten und stießen Verwünschungen gegen Pompeius aus.

31,29 f. *Alexandrias Treulosigkeit:* Von Caesar im Bürgerkrieg besiegt, wandte sich Pompeius nach Ägypten, wo er in Alexandria aufgrund seiner früheren Gunstbeweise gegen den Vater des jungen Königs Ptolemaios XIII. (61–47 v. Chr.) Aufnahme erhoffte. Doch dieser, der Bruder der Kleopatra, lockte ihn an Land und ließ ihn auf der Überfahrt von seinen Schergen ermorden.

32,8 f. *Aventinhügel außerhalb der Stadtgrenze:* In der Frühzeit der Republik wollte das Volk mit dem Auszug aus der Stadt auf den Aventin seine Forderungen gegenüber den Patriziern durchsetzen. Kaiser Claudius (10–54 n. Chr.) bezog 49 n. Chr. bei seiner Erweiterung des Stadtgebiets den Aventin ein. Da Seneca dies nicht erwähnt, nimmt man an, er habe seine Schrift vorher verfasst. – Die Brüder Romulus und Remus stritten, ob die neu zu gründende Stadt auf dem Palatin oder dem Aventin erbaut werden sollte und wer ihr seinen Namen geben durfte. Ein Augurium, ein Vogelzeichen, sollte die Entscheidung bringen. Sie fiel zugunsten des Romulus, dem zwölf Geier erschienen, doppelt so viele wie dem Remus.

33,15–17 *Sokrates/Karbeades/Epikur/Kynikern:* Mit seiner Fragetechnik wollte Sokrates (469–399 v. Chr.) seine Gesprächspartner von ihrem Scheinwissen abbringen; Karneades (214/213–129/128 v. Chr.), Erneuerer der Platonischen Akademie (so genannt nach dem Ort der Zusammenkunft im Hain des Akademos), forderte als Skeptiker die Zurückhaltung im Urteilen; Epikur (um 341–271/270 v. Chr.) zufolge gewann man das Glück in der Zurückgezogenheit und einer leidenschaftslosen Ruhe (*ataraxía*). Zu den Stoikern vgl. die folgende Anmerkung und das Nachwort. Die Kyniker, mit ihrem berühmten Vertreter Diogenes (vermutl. um 413–323 v. Chr.), stellten die gesellschaftlichen Normen provozierend in Frage und vertraten die absolute Bedürfnislosigkeit.

34,12 *Zenon:* (333/332–262 v. Chr.), begründete um 300 v. Chr. in Athen die Philosophenschule, die nach ihrem Versammlungsort in einer Säulenhalle (Stoa) ihren Namen erhielt. Pythagoras (um 570 – nach 510

v. Chr.) steht hier als Begründer der Kenntnisse über die Gesetze des Kosmos, Demokrit (460/459 – um 370 v. Chr.), der Schöpfer der Atomlehre, für die Befreiung der Menschen von der Todesfurcht. Aristoteles (384–322 v. Chr.), der Begründer der peripatetischen Schule (so genannt nach *perípatos*, ›Wandelhalle‹), und sein Schüler Theophrast (um 371–287 v. Chr.) repräsentieren die Einzelwissenschaften mit ihrer Fülle interessanten Stoffes.

38,1 f. *hat Jupiter ... die Nacht doppelt so lang gemacht:* Als er mit Alkmene in der Gestalt ihres Gatten Amphitryon Herakles zeugte; vgl. Plautus' *Amphitruo.*

39,9 *Xerxes:* Nach dem Bericht des Herodot (7,45 f..) musterte Xerxes (519–465 v. Chr.) beim Feldzug nach Griechenland vor dem Übergang über den Hellespont sein Heer, pries sich angesichts der gewaltigen Menge glücklich und brach dann in Tränen aus, ein mehrfach zitiertes Beispiel für Glückswandel und Größenwahn.

40,16/18/21 *Marius / Quinctius Cincinnatus / Scipio:* Gaius Marius (158/157–86 v. Chr.), der große Sieger über die Kimbern und Teutonen (102/101 v. Chr.), war siebenmal Konsul, sein Ruhm verdunkelte sich aber durch den blutigen Bürgerkrieg, der durch seine Gegnerschaft zu Lucius Sulla (um 138–78 v. Chr.) entstand (83–79 v. Chr.). Lucius Quinctius Cincinnatus (um 519–430 v. Chr.) wurde 458 v. Chr. vom Pflug weg zum Krieg gegen die Äquer geholt, ein zweites Mal zur Abwehr von Unruhen in Rom. Der große Feldherr Publius Scipio Africanus der Ältere (235–183 v. Chr.) hatte trotz seiner Jugend, und ohne die üblichen Ämter innegehabt zu haben, bereits hohe militärische Kommandos geführt. Später sah er sich wegen seiner Erfolge Neid und Anfeindungen ausgesetzt und zog sich in ein freiwilliges Exil nach Liternum in Kampanien zurück.

41,18 *Rechnungsbücher des Weltreiches:* Paulinus hatte als *praefectus annonae*, Verwalter der staatlichen Getreideversorgung, die Kontrolle über die Mengen, die aus den Provinzen, wie aus Nordafrika, eingeführt wurden und die teils als Tribute, teils als Sonderlieferungen zu verbuchen waren.

42,13 *Schiffsbrücken:* Kaiser Caligula (12–41 n. Chr.) ließ zwischen Baiae und Puteoli eine Schiffsbrücke erbauen, auf der er zu Fuß und zu Pferd einherstolzierte. Man nahm an, er habe damit die Überbrückung des Hellesponts durch Xerxes noch übertreffen wollen. Da Caligula zu diesem Schauspiel auch die Lastschiffe requirierte, die Getreide transportieren sollten, kam es zu Hungersnöten in Rom. Der tyrannische Kaiser fiel einer Verschwörung zum Opfer.

44,13 f. *Damit ein einziges Jahr nach ihnen gezählt wird:* Das römische Jahr wurde nach den Namen der beiden amtierenden Konsuln benannt und gezählt. Der Gipfel des Ehrgeizes war es also, die Ämterlaufbahn bis zum Konsulat durchlaufen zu haben.

44,33 *Sextus Turannius:* vermutlich der Vorgänger des Paulinus im Amt der Getreideversorgung.

Nachwort

»Nicht für die Schule, für das Leben lernen wir!« Jeder kennt diesen erbaulichen Spruch, der jedoch ursprünglich ganz anders lautet: »Nicht für das Leben, für die Schule lernen wir« – ein Stoßseufzer Senecas über all das überflüssige Wissen, mit dem sich der Mensch vollstopft. Er wird dadurch zwar gelehrt, aber kein tüchtiger Mensch, der mit seinem Leben zufrieden sein kann. Das lernt er nur mit Hilfe der Philosophie; diese darf sich aber nicht in engen Schulmeinungen und spitzfindigen Definitionen erschöpfen, sie muss Seelenheilkunde sein. Der Philosoph ist ein Arzt für die Seele. Wie kann er aber in den verschiedenartigen Nöten des Daseins den Menschen helfen – wenn jemand an Armut, Krankheit, Unterdrückung, Kummer leidet? Der Philosoph vermag keine Wunder zu tun, aber er kann dem Betroffenen zur richtigen Einstellung gegenüber dem Leben verhelfen, und damit wird dieser auch mit seiner speziellen Lebenssituation besser umgehen können. Das lehrte besonders die Philosophie, der sich Seneca verschrieben hatte, die Stoa. »In Übereinstimmung mit der Natur leben«, lautete die zentrale Formel der Stoiker. Die Natur (*physis*) umfasst das gesamte Universum, das von einem göttlichen Prinzip, dem *logos*, der »Weltvernunft«, durchdrungen ist. Auch der Mensch hat in sich einen Keim dieser göttlich-kosmischen Vernunft, den es weiterzuentwickeln gilt. Dazu muss man in seinem Tun und Denken nach dem Zustand der *apátheia* streben, der inneren Unabhängigkeit und Freiheit, um so die »stoische Ruhe« zu gewinnen. Darin besteht das Glück, die *eudaimonía*. Eine realistische Definition dieses von allen Menschen erwünschten Zustands: Ändern kann man das Schicksal nicht; man muss es, da es in Verbindung steht mit dem göttlichen Prinzip, bejahen und dazu alle störenden Elemente ausschalten, wie vor allem die Affekte. Zorn, Herrschsucht, Habgier, Neid, Eifersucht, aber auch übermäßige Trauer, Neigung zu Kummer und Schwarzseherei sind Hindernisse auf dem Weg zur Tugend (*virtus*), zur inneren Vollkommenheit. Die höchste Stufe dieser Tugend kann nur der Weise erreichen, der nach strenger stoischer Auffassung ein Ideal, nach Seneca ein Ausnahmemensch ist. Doch danach streben kann jeder, und er wird merken, dass er dabei freier und damit auch zufriedener, ja glücklicher wird.

Wenn Seneca dies immer wieder betont, kann er dabei auf eigene Erfahrungen verweisen. Er ist um 4 v. Chr. im spanischen Córdoba geboren; sein Vater hatte sich in Rom rhetorischen Studien gewidmet und ein Werk über die Redekunst seiner Zeit verfasst; seine Mutter Helvia hatte philosophische Neigungen. Der Sohn Lucius Annaeus sah später seine Aufgabe darin, die Philosophie als Lebenskunst in rhetorisch ansprechender Weise zu vermitteln. Darin bestärkten ihn auch seine Lehrer in Rom, wie der Stoiker Fabianus.

Mit der Quästur begann Seneca die übliche Ämterlaufbahn und gewann ersten Ruhm als glänzender Redner. Damit zog er sich freilich auch die Eifersucht des Kaisers Caligula zu, der ihn kurzerhand liquidiert hätte, wäre ihm nicht weisgemacht worden, Seneca sei todkrank. Er litt an heftigen Anfällen von Bronchialasthma. Unter dem nächsten Kaiser, Claudius, einem Freund der Gelehrsamkeit, hätte Seneca ungefährdet leben können, wäre da nicht Kaiserin Messalina gewesen, die ihre Position durch Iulia Livilla bedroht sah, eine Schwester Caligulas. Missliebige Frauen schaffte man sich im Kaiserhaus vom Hals, indem man sie wegen Ehebruchs anklagte und in die Verbannung schickte. So war es mit den beiden Iulien geschehen, Tochter und Enkelin des Augustus. Das Schicksal der Letzteren hatte der Dichter Ovid teilen müssen, den es an die Küsten des Schwarzen Meeres verschlagen hatte. Mit Iulia Livilla zusammen machte man ebenfalls einen Intellektuellen mundtot: Seneca, der als angeblicher Ehebrecher auf das recht unwirtliche Korsika verbannt wurde. Er hat dort 41 bis 49 n. Chr. die Wirksamkeit seiner Philosophie erproben können: Sie half ihm zu überleben, und so fühlte er sich später berechtigt und berufen, sie seinen Mitmenschen zu empfehlen.

Mit Kaiserin Messalina nahm es das verdiente schlimme Ende, und ihre Nachfolgerin wurde die Schwester Iulia Livillas: Agrippina. Sie holte Seneca aus der Verbannung zurück und übertrug ihm die Erziehung ihres Sohnes aus erster Ehe, den sie als Thronerben aufzubauen gedachte: Nero. Nachdem Claudius 54 n. Chr. verstorben und der junge Nero Kaiser geworden war, bot sich für Seneca eine glänzende Perspektive: Hatten nicht alle Philosophen seit Platon davon geträumt, dass die Menschheit nur dann glücklich sein werde, wenn entweder die Philosophen Herrscher oder die Herrscher Philosophen seien? Seneca begann mit dem Ersteren; zusammen mit dem Prätorianerpräfekten Burrus leitete er im Namen des jugendlichen Kaisers die Politik in Rom und im Reich. Zugleich versuchte er seinen Zögling zum idealen Herrscher zu erziehen: Der Fürstenspiegel *Über die Milde* sollte ihm zeigen, wie schön und erstrebenswert es sei, aufgrund einer gerechten und humanen Herrschaft von allen geliebt zu werden. Die Zeit von 54 bis 58 n. Chr., als Seneca Manager der Macht war, ist von keinem Geringeren als Kaiser Traian als das »glückliche Jahrfünft« bezeichnet worden. Danach aber ging es bergab. Nero störte sich an der Bevormundung durch seine herrschsüchtige Mutter Agrippina, die er schließlich sogar umbrachte; statt der Tugendlehren Senecas über die Humanität bevorzugte er den Wahlspruch Caligulas: »Mögen sie mich hassen, wenn sie mich nur fürchten.«

Noch ging das Leben in Rom seinen gewohnten Gang, doch eine allgemeine Unsicherheit griff allmählich um sich. Wo findet der Einzelne Halt? In seinem Innern, im Rückzug auf das *otium*, die Ruhe, die aber sinnvoll ausgefüllt werden muss, damit sich die erwünschte Gelassenheit gegenüber allen Schicksalsfällen einstellt. In diesem Zusammenhang erhalten Senecas Schriften über die Gemütsruhe, über die Standhaftigkeit, über das glückliche Leben und über die Kürze des Lebens ihre besondere Aktualität. *Dialogi* heißen diese philosophischen Essays: Sie sind keine Kathederschriften, sondern an ein Gegenüber gerichtet, eine namentlich genannte Person, einen Verwandten oder Freund. Doch Seneca hat gleichzeitig auch ein weiteres Publikum im Auge. Bei der Anprangerung von Fehlhaltungen spricht er in der Wir-Form: Jeder kann und soll sich angesprochen fühlen.

Das gilt besonders und bis heute für die Schrift *Über die Kürze des Lebens.* Sie hat als Adressaten den Schwiegervater Senecas, Paulinus, der das verantwortungsvolle Amt der *praefectura annonae*, der Getreideversorgung, innehatte. Er erhält den Rat, sich nun, im vorgerückten Alter, ins Privatleben zurückzuziehen und sich einer ehrenvollen Muße zu widmen: *otium cum dignitate*, wie es sich seit Cicero die im Staat tätigen Römer für ihr Alter wünschten. Aber darüber hinaus entwirft Seneca ein lebendiges Bild vom rechten und vom falschen Gebrauch der Zeit und ruft alle auf, ihr Leben sinnvoll zu nutzen: Es ist nicht zu kurz, sondern wir machen es kurz, indem wir so viel davon vergeuden. So unterscheidet sich die Lebenszeit, wie wir sie empfinden, von der objektiven Zahl unserer Jahre. Wenn wir das Leben recht nutzen, ist es lang genug. Doch wir sind die *occupati*, die Vielbeschäftigten aller Art: Da gibt es die Betriebsnudeln, die Wichtigtuer, die Snobs, die Hektiker und Gestressten, alle, die dem Zeitgeist huldigen und jedem Modetrend hinterherlaufen, überall dabei sein müssen, teure Hobbys pflegen, luxuriöse Gastmähler ausrichten, mit denen sie ihr eigenes Vermögen und den Magen ihrer Gäste ruinieren, dann die Modegecken, die ihren Kopf nur der Frisur wegen haben, und schließlich die Arbeitstiere, solche, die sich noch mit neunzig an ihren Posten klammern. Sie alle haben nie Zeit für sich, sie sind sich selbst entfremdet und definieren sich nur über das, was sie gerade tun, rastlos und unbefriedigt. Und wenn sie einmal aus ihrer Hektik herauskommen und gar nichts zu tun haben, empfinden sie dies nicht als willkommene Muße, vielmehr wird ihnen langweilig, und sie sehnen den nächsten Event herbei. Schließlich sind die besten Jahre vorüber, es naht das Alter und zugleich das Gefühl, dass man noch gar nicht richtig gelebt hat. Im Hinblick auf unsere Ausdrücke »Zeitvertreib« und »Zerstreuung« wird uns die Aktualität von Senecas Argumentation einleuchten. Auch seine Behauptung, wer als allzu Beschäftigter viele Dinge auf einmal tut, macht im Grunde nichts richtig, findet neuerdings ihre Bestätigung: »Multitasking« bringt auf die Dauer nicht die gewünschte Effektivität.

Was soll man aber nun tun oder nicht tun, was rät Seneca als Anwalt der Philosophie? Es wird verwundern, dass er solche für den Römer doch durchaus ehrenwerten Beschäftigungen, wie das Auftreten vor Gericht, abwertet. Die Tätigkeit im Staat und für die Mitmenschen gehört zu den ethischen Forderungen der Stoa. Doch wirkt hier Senecas satirisch überspitzter Stil, mit dem er seine Argumente oft geradezu paradox formuliert und mehrfach wiederholt, in anschauliche Bilder und Anekdoten verpackt. Mit seinen brillanten Formulierungen und zugespitzten Sentenzen brennt er geradezu ein Feuerwerk ab – mit dem Ziel, nicht nur Paulinus, sondern auch wenigstens einige der *occupati* zu überzeugen. Diese versucht er mit seiner effektvollen Sprache zu fesseln; durch seine steten Wiederholungen will er den von Reizen aller Art abgelenkten Zeitgenossen geradezu einhämmern: Hört zu, schaltet nicht ab, es geht euch alle an – das Leben ist kurz! Und er gibt ihnen zu bedenken: Ihr kümmert euch doch alle um Gut und Geld. Doch auch die Lebenszeit muss ganz praktisch gesehen werden, als ein Guthaben, das man richtig anlegt und über das man immer wieder Rechenschaft ablegt.

Nachdem Seneca die Fehlhaltungen genügend illustriert und kritisiert hat, macht er Vorschläge für eine sinnvolle Muße: die Beschäftigung mit Gott und der Welt, mit existenziellen Fragen, die über das alltägliche Leben hinausgehen. Der Blick auf den Kosmos mit seiner Vielfalt und Gesetzmäßigkeit hat Seneca immer angeregt, auch zu eigenem Schreiben. Ein schöner Gedanke, bis heute nachvollziehbar, ist die Gemeinschaft mit den großen Geistern der Vergangenheit, in die wir uns im Lesen und Nachdenken hineinversetzen können. Bezeichnenderweise befürwortet Seneca auch das geistige Gespräch mit Philosophen anderer Schulen, wie Epikur. Er will keine dogmatische Enge, vielmehr soll sich jeder nach seinem Belieben aus dem reichen Schatz der Philosophie bedienen. Die Hauptsache ist, dass er sich aus der Hektik des Alltags löst und einmal zum Nachdenken kommt.

Paulinus hat seine Pflichten gegenüber dem Staat und seinen Mitmenschen erfüllt, er darf sich nun einer ehrenvollen Muße widmen. Auch für Seneca wurde das Thema Rückzug aktuell, als sich sein Zögling Nero zum krassen Gegenteil des Philosophenherrschers entwickelt hatte. Seine Mutter Agrippina hatte er umgebracht, nun gedachte er sich auch seines ehemaligen Lehrers zu entledigen, der ihm ein lebender Vorwurf war. Seneca bot dem Kaiser seinen Rücktritt an, zog sich auf seine Landgüter zurück und widmete sich seiner Schriftstellerei. Doch wie er es selbst gesagt hatte, werden die Tyrannen von ihrem schlechten Gewissen zu immer neuen bösen Taten getrieben. Die Aufdeckung einer Verschwörung bot Anlass zu einer großen Säuberungswelle, der auch Seneca im Jahr 65 n. Chr. zum Opfer fiel. Er starb als Philosoph, getreu seinen Worten: Der braucht den Tod nicht zu fürchten, wann er auch kommt, der sein Leben sinnvoll gelebt hat.

Vom glücklichen Leben

Aus dem Lateinischen übersetzt
und mit einem Nachwort
von Fritz-Heiner Mutschler

1

Glücklich leben, mein Bruder Gallio, wollen alle; aber wenn es darum geht, zu durchschauen, was es ist, das ein glückliches Leben bewirkt, dann ist ihr Blick getrübt; und so schwer ist es, ein glückliches Leben zu erreichen, dass jeder sich umso weiter von ihm entfernt, je hastiger er zu ihm hineilt – wenn er sich im Weg geirrt hat: Wo dieser in die entgegengesetzte Richtung führt, wird die Eile selbst zur Ursache noch größerer Entfernung.

Daher müssen wir uns zunächst einmal vor Augen stellen, was es ist, das wir anstreben; dann müssen wir Umschau halten, auf welchem Weg wir am schnellsten dorthin eilen können, wobei wir auf dem Marsch selbst erkennen werden – wenn er nur in die richtige Richtung geht –, wie viel täglich bewältigt wird und wie viel näher wir dem Punkt sind, zu dem uns ein natürliches Begehren hintreibt. Solange wir freilich überall umherschweifen und nicht einem Führer folgen, sondern dem Lärmen und Durcheinanderschreien von Leuten, die uns in verschiedene Richtungen rufen, wird unser Leben mit Irrtümern vertan werden – kurz wie es selbst dann ist, wenn wir uns Tag und Nacht um eine vernünftige geistige Haltung bemühen. Daher muss entschieden werden, wohin wir streben sollen, und auf welchem Wege; nicht ohne einen Mann von Erfahrung, dem die Gegenden, in die wir ziehen, genau bekannt sind, da ja die Situation hier nicht dieselbe ist wie auf den übrigen Reisen: Auf jenen lassen es ein markierter Weg und Anwohner, die man befragt, nicht zu, dass man in die Irre geht; hier dagegen täuschen gerade die ausgetretensten und belebtesten Wege am meisten.

Nichts muss daher in höherem Maße gewährleistet werden, als dass wir nicht wie das Vieh der Herde der Vorausziehenden folgen und unseren Weg nicht dorthin nehmen, wohin man gehen *muss*, sondern wohin man *geht*. Und doch verwickelt uns nichts in größere Übel, als dass wir uns nach dem Gerede richten und das für das Beste halten, was mit großer Zustimmung aufgenommen worden ist, und uns nicht an die guten, sondern an die vielen Beispiele halten und nicht auf die Vernunft, sondern auf die Anpassung hin leben. Daher rührt diese riesige Anhäufung übereinander stürzender Menschen. Was bei einem Massensturz geschieht, wenn das Volk sich drängt: Keiner fällt, ohne noch einen anderen auf sich zu ziehen, und die Vordersten bringen den Nachfolgenden Verderben – das kannst du überall im Leben sich ereignen sehen. Niemand geht nur für sich in die Irre, sondern jeder ist auch Grund und Urheber fremden Irrtums; denn es bringt Schaden, sich den Vorausgehenden anzuschließen, und indem jeder Einzelne lieber glauben als urteilen will, wird über das Leben niemals geurteilt, sondern immer nur geglaubt, und der von Hand zu Hand gereichte Irrtum treibt uns hin und her und lässt uns stürzen. Am Beispiel anderer gehen wir zugrunde: Wir werden geheilt werden, wenn wir uns nur von der Masse absondern. Jetzt aber steht das Volk als Verteidiger seines Übels gegen die Vernunft. Daher geschieht das, was bei Wahlen geschieht, bei denen sich darüber, dass gerade diese Männer zu Prätoren gewählt worden sind, dieselben Leute wundern, die sie gewählt haben – wenn die unbeständige Gunst sich gewendet hat: Dasselbe billigen und tadeln wir; dieses Ergebnis hat jeder Entscheidungsprozess, bei dem die Entscheidung gemäß der Mehrheit getroffen wird.

2

Wenn es um das glückliche Leben geht, gibt es keinen Grund, dass du mir wie bei den Abstimmungen die Formel zur Antwort gibst: »Dieser Teil scheint größer zu sein.« Deswegen ist er nämlich schlechter. Mit den menschlichen Verhältnissen steht es nicht so gut, dass der Mehrheit das Bessere gefällt: Der große Haufen ist ein Beweis für das Schlechteste. Fragen wir also, was zu tun am besten ist, nicht, was am häufigsten getan wird, und was uns in den Besitz ewigen Glückes setzt, nicht, was die Masse, der schlechteste Vermittler der Wahrheit, gebilligt hat. Als Masse bezeichne ich aber ebenso Männer im Prachtgewand wie bekränzte Häupter; denn ich sehe nicht auf die Farbe der Kleider, mit denen die Körper bedeckt sind. Den Augen traue ich, wo es um den Menschen geht, nicht; ich habe ein besseres und sichereres Auge, um vom Falschen das Wahre zu unterscheiden: Den Wert der Seele muss die Seele ausfindig machen. Wenn diese jemals Zeit hat, Atem zu schöpfen und in sich zurückzukehren, o wie wird sie sich, von sich selbst gequält, die Wahrheit gestehen und sagen: »Was immer ich bis zu diesem Augenblick getan habe: ich wollte lieber, es wäre ungeschehen; was immer ich gesagt habe: wenn ich es bei mir überdenke, beneide ich die Stummen; was immer ich gewünscht habe: ich halte es für Feindesfluch; was immer ich gefürchtet habe: wie viel weniger schlimm war es als das, was ich begehrt habe! Mit vielen war ich verfeindet und bin aus dem Hass zu freundschaftlichem Einvernehmen – wenn es unter Schlechten überhaupt Einvernehmen gibt – zurückgekehrt; mir selbst aber bin ich noch nicht freund. Ich habe mir jegliche Mühe gegeben, um mich aus der Menge herauszuheben und durch irgendeinen Vorzug bemerkenswert zu machen: Was habe ich anderes getan, als dass ich mich Geschossen ausgesetzt und der Missgunst gezeigt habe, was sie angreifen könne. Siehst du jene, die meine Beredsamkeit preisen, die meinem Reichtum nachlaufen, die vor meinem Einfluss kriechen, die meine Macht in den Himmel heben? Alle *sind* entweder Feinde oder, was auf das Gleiche hinausläuft, *können es sein*; ebenso groß wie die Menge der Bewunderer ist die Menge der Neider. Warum suche ich nicht eher etwas, das tatsächlich gut ist, das ich empfinde, nicht vorzeige! Jene Dinge, die betrachtet werden, bei denen man stehen bleibt, die der eine dem anderen staunend zeigt, glänzen außen und sind innen jämmerlich.«

3

Suchen wir also irgendetwas, das nicht zum Schein gut ist, sondern fest und sich gleichbleibend und auf der verborgeneren Seite schöner; das wollen wir ausfindig machen. Und es liegt nicht weit entfernt: Es wird sich finden lassen; man muss nur wissen, wohin man die Hand ausstrecken soll; jetzt gehen wir wie in der Dunkelheit ganz nahe daran vorbei, indem wir an eben das, wonach wir uns sehnen, geradezu anstoßen.

Aber um dich nicht auf Umwege zu ziehen, will ich die Meinungen anderer übergehen – denn sowohl sie aufzuzählen würde zu weit führen als auch sie zu widerlegen; vernimm die unsere. Wenn ich aber »unsere« sage, dann lege ich mich damit nicht auf einen Einzelnen unter den führenden Stoikern fest: Auch ich habe das Recht, ein Votum abzugeben. Daher werde ich mich dem einen anschließen, den anderen werde ich auffordern, seinen Antrag zu teilen, vielleicht auch werde ich, nach allen anderen aufgerufen, nichts von dem verwerfen, wofür sich meine Vorredner erklärt haben, und lediglich sagen: »Dies beantrage ich zusätzlich.« Einstweilen pflichte ich – worin unter allen Stoikern Übereinstimmung besteht – der Natur bei; von ihr nicht abzukommen und nach ihrem Gesetz und Beispiel sich zu richten ist Weisheit.

Glücklich ist also ein Leben in Übereinstimmung mit der eigenen Natur, das nur gelingen kann, wenn die Seele erstens gesund ist, und zwar in dauerndem Besitz ihrer Gesundheit, sodann tapfer und leidenschaftlich; ferner auf schöne Weise leidensfähig, den Zeitumständen gewachsen, um den ihr zugehörigen Körper und was mit ihm zusammenhängt besorgt, aber ohne Ängstlichkeit; ferner in Bezug auf die anderen Dinge, die zur Lebensgestaltung dienen, gewissenhaft, aber ohne übertriebenes Interesse für irgendetwas; willens, die Geschenke des Glücks zu nutzen, nicht aber, ihnen zu dienen. Du kannst erkennen, auch wenn ich es nicht eigens hinzufüge, dass beständige

Seelenruhe und innere Freiheit folgen, wenn einmal die Dinge vertrieben sind, die uns reizen oder schrecken; denn wenn Lust und Schmerz verachtet werden, dann tritt an die Stelle jener Dinge, die unbedeutend und brüchig und sogar durch Schandtaten schädlich sind, eine große Fröhlichkeit, die unerschütterlich ist und gleichmäßig, ferner Friede und Harmonie der Seele und Größe verbunden mit Milde; denn jegliche Ungebärdigkeit gründet auf Schwäche.

4

Unser Gut kann auch anders bestimmt werden, das heißt, dieselbe Aussage lässt sich auch in andere Worte fassen. Wie dasselbe Heer sich bald weiter auseinanderzieht, bald auf engem Raum zusammendrängt und sich entweder mit zu den Flügeln hin gekrümmtem Zentrum in einem Bogen formiert oder aber in gerader Front entfaltet und dennoch, wie immer es aufgestellt ist, dieselbe Kraft und denselben Willen besitzt, für dieselbe Seite einzustehen, so kann sich die Bestimmung des höchsten Gutes das eine Mal ausdehnen und ausweiten, das andere Mal verdichten und in sich zusammenziehen. Daher wird es dasselbe bedeuten, ob ich sage: »Das höchste Gut ist eine Seele, die auf das Zufällige herabsieht und sich an ihrer Tüchtigkeit freut«, oder »die unbesiegbare Kraft der Seele, erfahren in den Dingen des Lebens, ruhig im Handeln, mit viel Menschlichkeit begabt und von der Sorge um diejenigen bestimmt, mit denen sie Umgang hat«. Man kann aber auch so definieren, dass man den Menschen glücklich nennt, für den es kein Gut und kein Übel gibt außer einer guten und einer schlechten Seele; der ein Verehrer des sittlich Guten ist und in der Tugend Zufriedenheit findet; den das Zufällige weder übermütig werden lässt noch zerbricht; der kein größeres Gut kennt als das, das er sich selbst geben kann; für den wahre Lust die Verachtung der Lüste sein wird.

Wenn man weitschweifig sein wollte, könnte man dasselbe immer wieder in eine andere Form bringen, ohne dass die Bedeutung angetastet oder gemindert würde; denn was hindert uns, als das glückliche Leben eine Seele zu bestimmen, die frei ist und aufrecht und unerschrocken und standhaft, die jenseits von Furcht, jenseits von Begierde steht, für die das einzige Gut die Sittlichkeit, das einzige Übel die Unsittlichkeit ist, das Übrige aber ein wertloser Haufen von Dingen, der dem glücklichen Leben weder etwas entzieht noch ihm etwas hinzufügt, der ohne Mehrung und Minderung des höchsten Gutes kommt und wieder geht? Wer auf diese Weise gefestigt ist, den begleiten mit unausweichlicher Notwendigkeit eine beständige Heiterkeit und eine tiefe, aus der Tiefe kommende Freude, da er das Seine genießt und Größeres als das, was ihm gehört, nicht begehrt. Warum sollte er dies nicht hoch schätzen im Vergleich mit den unbedeutenden und armseligen und nicht andauernden Regungen seines kleinen Körpers. An dem Tag, an dem er unter dem Einfluss der Lust steht, wird er auch unter dem Einfluss des Schmerzes stehen; du siehst aber, welch schlimme und schuldhafte Knechtschaft der leisten wird, den Lüste und Schmerzen, die unbeständigsten und unbeherrschtesten Herren, abwechselnd in Besitz haben; aufbrechen muss man also in die Freiheit. Diese wird durch nichts anderes zuteil als durch die Verachtung des Geschicks. Dann wird jenes unschätzbare Gut entstehen: die Ruhe und Erhabenheit eines Geistes, der einen sicheren Standort hat, und, wenn die Irrtümer vertrieben sind, aufgrund der Erkenntnis des Wahren eine großartige und unerschütterliche Fröhlichkeit und eine heitere Freundlichkeit und Gelöstheit der Seele, an denen sie sich freuen wird – nicht wie an Gütern, sondern wie an etwas, das aus dem ihr eigenen Gut entstanden ist.

5

Da ich ja nun einmal eine ausführliche Erörterung begonnen habe: Glücklich kann genannt werden, wer weder begehrt noch fürchtet – dank der Vernunft: Es sind ja auch Steine von Furcht und Traurigkeit frei und ebenso Tiere; dennoch wird deswegen niemand glücklich nennen, was kein Bewusstsein seines Glückes hat. Auf dieselbe Stufe stelle ich Menschen, die ihr stumpfes Wesen und die Unkenntnis ihrer selbst unter das Vieh und die unbelebten Dinge versetzt haben. Kein Unterschied besteht zwischen diesen Menschen und jenen Tieren, weil jene keine Vernunft haben, diese aber eine, die verdorben und zu ihrem eigenen Übel und zum Verkehrten erfinderisch ist; denn glücklich kann niemand genannt werden, der sich außerhalb der Wahrheit niedergeworfen hat. Glücklich ist also ein Leben, das auf ein richtiges und sicheres Urteil gegründet und daher unwandelbar ist. Dann nämlich ist der Geist rein und von allen Übeln frei, weil er sich nicht nur den zerfleischenden Angriffen, sondern auch den Sticheleien entzogen hat, willens, immer dort zu stehen, wo er sich hingestellt hat, und seinen Platz zu behaupten, auch wenn das Schicksal zürnt und feindlich anstürmt.

Denn was die Lust betrifft: Mag sie uns auch von allen Seiten umfließen und auf allen Wegen in uns einströmen und die Seele mit ihren Schmeicheleien nachgiebig stimmen und ein Mittel nach dem anderen anwenden, um uns insgesamt oder Teile von uns zu erregen: Wer von den Sterblichen, in dem auch nur die Spur eines Menschen übrig ist, will wohl Tag und Nacht gekitzelt werden und seine Seele im Stich lassen und sich nur noch um seinen Körper kümmern?

6

»Aber auch die Seele«, sagt er, »wird ihre Lüste haben.« Mag sie sie haben und mag sie dasitzen als Gebieterin über Genusssucht und Lüste; mag sie sich mit all den Dingen anfüllen, die die Sinne zu erfreuen pflegen, mag sie dann auf das Vergangene zurückblicken und der verflossenen Lüste eingedenk über die früheren frohlocken und auf die zukünftigen schon hindrängen, mag sie ihre Hoffnungen ordnen und, während der Körper in der gegenwärtigen Schwelgerei liegt, ihre Gedanken in die Zukunft vorausschicken: Desto elender wird sie mir erscheinen, da ja Schlechtes statt Gutem zu wählen Wahnsinn ist. Nicht aber ist ohne geistige Gesundheit irgendjemand glücklich, noch ist jemand geistig gesund, von dem Schädliches anstelle des Besten erstrebt wird.

Glücklich ist also, wer richtig urteilt; glücklich ist, wer mit den gegenwärtigen Umständen, wie immer sie sind, zufrieden und seinen Verhältnissen freund ist; glücklich ist derjenige, dem die Vernunft den Gesamtzustand seiner Verhältnisse als angenehm erscheinen lässt.

7

Es sehen auch diejenigen, die das höchste Gut in den Bauch verlegt haben, an welch schändliche Stelle sie es gesetzt haben. Deswegen leugnen sie, dass die Lust von der Tugend getrennt werden könne, und sagen, dass weder irgendjemand sittlich gut lebe, ohne angenehm zu leben, noch angenehm, ohne auch sittlich gut. Ich kann nicht sehen, wie diese so verschiedenartigen Dinge sich in eins zusammenwerfen lassen. Was für einen Grund gibt es, ich bitte euch, dass die Lust von der Tugend nicht getrennt werden könnte? Natürlich: Weil das Gute jeglichen Anfang in der Tugend hat, entsteht aus deren Wurzeln auch das, was ihr liebt und erstrebt? Aber wenn diese Dinge untrennbar wären, dann würden wir nicht sehen, dass manche Dinge angenehm, aber unanständig, manche dagegen überaus anständig, aber mühselig sind und unter Schmerzen vollbracht werden müssen. Füg nun hinzu, dass Lust auch dem schändlichsten Leben zuteilwird, die Tugend aber ein schlechtes Leben nicht gestattet, und dass manche nicht ohne Lust, ja sogar gerade wegen der Lust unglückselig sind, was nicht geschähe, wenn sich der Tugend die Lust beigemischt hätte, deren die Tugend oft ermangelt, niemals bedarf. Warum fügt ihr Ungleiches, ja Entgegengesetztes zusammen? Etwas Hohes ist die Tugend, etwas Erhabenes und Königliches, Unbesiegbares, Unermüdliches; die Lust ist etwas Niedriges, Knechtisches, Schwaches, Hinfälliges, dessen Quartier und Wohnung zwielichtige Gewölbe und Garküchen sind. Die Tugend wirst du im Tempel antreffen, auf dem Forum, in der Kurie, vor den Mauern stehend, staubbedeckt, braun gebrannt, mit schwieligen Händen; die Lust, die sich des Öfteren versteckt hält und die Verborgenheit sucht, in Bädern und Schwitzstuben und an Orten, die den Ädil fürchten, weichlich und kraftlos, von Wein und Salböl triefend, bleich oder geschminkt und wie ein Leichnam balsamiert. Das höchste Gut ist unsterblich, es weiß nicht zugrunde zu gehen, es kennt weder

Sattheit noch Reue; denn niemals wandelt sich die rechte Denkart, noch hasst sie sich jemals, noch hat jemals irgendetwas das Beste verändert. Die Lust aber erlischt gerade dann, wenn sie am meisten ergötzt; sie hat nicht viel Raum, deswegen sättigt sie rasch und bereitet Überdruss und erschlafft nach der ersten Aufwallung. Denn niemals ist dasjenige zuverlässig, dessen Wesen in der Bewegung liegt: so ist es durchaus unmöglich, dass das einen festen Gehalt hat, was sehr schnell kommt und vorübergeht, dazu bestimmt, bereits in seinem Vollzug zugrunde zu gehen; es gelangt nämlich da an sein Ziel, wo es aufhört, und während es beginnt, ist es schon auf sein Ende ausgerichtet.

8

Wie steht es nun damit, dass Gutem ebenso wie Schlechtem Lust innewohnt und die moralisch Minderwertigen ihre Schändlichkeit nicht weniger erfreut als die sittlich Hochstehenden hervorragendes Verhalten? Deswegen haben ja die Alten die Vorschrift erteilt, der besten Lebensform zu folgen, nicht der angenehmsten, damit für den rechten und guten Willen die Lust nicht Führerin, sondern Begleiterin sei. Die Natur nämlich muss man zur Führerin nehmen; auf sie achtet die Vernunft, sie fragt sie um Rat.

Dasselbe also ist es, glücklich und gemäß der Natur zu leben. Was dies bedeutet, will ich jetzt deutlich machen: Wenn wir unsere körperlichen Anlagen und unsere naturgemäße Ausstattung sorgsam und doch ohne Ängstlichkeit bewahren – für den Tag gegeben und vergänglich, wie sie sind –, wenn wir uns nicht in ihre Knechtschaft begeben und uns nicht Fremdes in Besitz nimmt, wenn die Dinge, die für den Körper angenehm sind und die von außen kommen, für uns die Stelle eingenommen haben, die im Heerwesen die Hilfstruppen und Leichtbewaffneten einnehmen – dienen sollen diese, nicht herrschen –, dann erst sind sie unserem Geist nützlich. Unbestechlich durch äußere Dinge soll ein Mann sein und unbezwingbar, ein Bewunderer nur seiner selbst, ›vertrauend auf seine Seele und auf das eine wie auf das andere vorbereitet‹, ein Bildner seines Lebens; seine Zuversicht soll nicht ohne Wissen sein, sein Wissen nicht ohne Festigkeit; bestehen bleiben soll für ihn das einmal Beschlossene, und keine Änderung soll es in seinen Entscheidungen geben. Man sieht, auch wenn ich es nicht eigens hinzufüge, dass ein solcher Mann gesetzt und ausgeglichen sein wird und in dem, was er tut, zugleich freundlich und hochherzig. Die Vernunft aber soll, von den Sinnen angeregt und von dort ihren Ausgang nehmend – denn sie hat nichts anderes, von wo aus sie ihr Unternehmen beginnen oder von wo aus sie ihren Anlauf zur Wahrheit nehmen könnte –, zu sich zurückkehren. Denn auch der Kosmos, der alles umfasst, und der Lenker des Universums, Gott, streben zwar zum Äußeren hin, kehren aber dennoch von überall her nach innen zu sich zurück. Dasselbe tue unser Geist: Wenn er sich, seinen Sinnen folgend, durch sie zu den äußeren Dingen hin ausgestreckt hat, dann sei er ihrer und seiner selbst mächtig. Auf diese Weise wird eine einheitliche Kraft zustande kommen und ein Vermögen, das mit sich in Einklang steht; und es wird jene sichere und verlässliche Vernunft entstehen, die nicht mit sich uneins ist, die weder in ihren Meinungen und Begriffen unentschieden ist noch in ihrer Überzeugung, die, wenn sie sich geordnet hat und mit ihren Teilen zur Übereinstimmung und sozusagen zur Harmonie gelangt ist, an das höchste Gut heranreicht. Denn dann ist nichts Verkehrtes, nichts Bedenkliches mehr übrig, nichts, woran sie sich stößt oder worauf sie ausgleitet; alles wird sie auf eigene Anordnung tun, und nichts Unvermutetes wird geschehen, sondern was immer sich vollziehen wird, wird zum Guten ausgehen: leicht, prompt und ohne Zurückweichen des Handelnden; denn Trägheit und Zögern deuten auf Kampf und Unbeständigkeit hin. Deswegen darf man kühn erklären, dass das höchste Gut die Harmonie der Seele ist; denn die Tugenden müssen dort sein, wo Übereinstimmung und Einheit bestehen; uneins sind die Laster.

9

»Aber auch du«, sagt er, »bemühst dich um die Tugend eben deswegen, weil du von ihr irgendeine Lust erhoffst.« Zunächst: Falls die Tugend Lust verschaffen sollte, wird sie deswegen doch nicht um der Lust willen erstrebt; denn sie verschafft diese nicht schlechthin, sondern zusätzlich; und sie bemüht sich nicht um diese, sondern ihre Mühe wird, obwohl sie auf anderes aus ist, auch diese erreichen. Wie auf einem Acker, der für die Saat umgebrochen worden ist, hier und da irgendwelche Blumen wachsen und dennoch nicht für dieses Pflänzchen, wie sehr es auch das Auge erfreuen mag, so viel Arbeit aufgewendet wurde – eine andere Absicht hatte der Säende, das Pflänzchen ist hinzugekommen –, so ist die Lust nicht der Lohn und nicht der Zweck der Tugend, sondern eine Zugabe, und sie findet nicht Beifall, weil sie Vergnügen bereitet, sondern wenn sie Beifall findet, dann bereitet sie auch Vergnügen. Das höchste Gut liegt in der Urteilskraft selbst und in der Verfassung der besten Seele; wenn diese ihr Wesen erfüllt und sich mit den ihr zukommenden Grenzen umgeben hat, dann ist das höchste Gut vollendet und verlangt nichts weiter; denn außerhalb des Ganzen gibt es nichts, ebenso wenig wie jenseits der äußersten Grenze. Daher irrst du, wenn du fragst, was es sei, dessentwegen ich nach der Tugend strebe; denn du fragst nach etwas über dem Höchsten. Du fragst, was ich von der Tugend haben will. Sie selbst. Denn sie besitzt nichts Besseres, sie ist selbst ihr Preis. Oder ist das etwa zu unbedeutend? Wenn ich dir sagte: »Das höchste Gut ist die unzerbrechliche Festigkeit der Seele, ihre Voraussicht, Erhabenheit, Gesundheit, Freiheit, Harmonie und Schönheit«, forderst du dann noch irgendetwas Bedeutenderes, worauf diese Dinge sich beziehen? Was nennst du mir die Lust? Nach dem Gut für Menschen frage ich, nicht nach dem für den Bauch, der beim Vieh und bei den wilden Tieren noch dehnbarer ist.

10

»Du tust, als ob du nicht verstündest«, sagt er, »was ich meine; ich behaupte nämlich, dass niemand angenehm leben kann, wenn er nicht zugleich auch anständig lebt, was den stummen Tieren nicht gelingen kann und auch nicht denjenigen, die ihr Gut nach der Nahrung bemessen. Deutlich, sage ich, und offen bekunde ich, dass dieses Leben, das ich angenehm nenne, nur gelingt, wenn die Tugend hinzutritt.« Und doch: Wer weiß nicht, dass gerade die Törichtesten eure Lüste am reichlichsten genießen und die Liederlichkeit von Annehmlichkeiten überfließt und die Seele selbst viele verkehrte Arten von Lust ermöglicht? Insbesondere Einbildung und übermäßiges Selbstbewusstsein und aufgeblasene Überhebung über die anderen und blinde, unbedachte Eigenliebe und Frohlocken aus kleinsten, kindischen Anlässen, ferner Neigung zu Sticheleien und Hochmut, der sich an Schmähungen freut, Trägheit und Zügellosigkeit einer energielosen Seele, die sich in Genüssen verliert, die vor sich hindämmert. All diese Dinge vertreibt die Tugend, sie kneift ins Ohr und mustert die Lüste kritisch, bevor sie sie zulässt, und auch die, die sie billigt, schätzt sie nicht hoch; denn sie lässt sie nicht um jeden Preis zu und freut sich nicht an ihrem Genuss, sondern an ihrer Mäßigung. Mäßigung aber, da sie die Lüste mindert, ist für euch ein Unrecht am höchsten Gut. Du umarmst die Lust, ich halte sie im Zaum; du genießt die Lust, ich gebrauche sie; du hältst sie für das höchste Gut, ich nicht einmal für ein Gut; du tust alles um der Lust willen, ich nichts.

11

Wenn ich sage, dass ich nichts um der Lust willen tue, dann spreche ich von jenem Weisen, dem allein du Lust zugestehst. Ich aber nenne denjenigen nicht einen Weisen, der irgendetwas über sich hat, und schon gar nicht die Lust. Vielmehr: Wie wird er, von dieser in Beschlag genommen, der Anstrengung und der Gefahr widerstehen, der Armut und den zahlreichen Bedrohungen, die das menschliche Leben umtosen? Wie wird er den Anblick des Todes, wie Schmerzen ertragen, wie das Erdröhnen des Weltalls und eine so große Zahl grimmigster Feinde, wenn er von einem so weichlichen Gegner besiegt wird? »Er wird tun, was immer die Lust ihm anrät.« Nun denn, siehst du nicht, wie vieles sie anraten wird? »Nichts«, sagt er, »wird sie auf schändliche Weise anraten können, weil sie der Tugend verbunden ist.« Siehst du nun nicht wiederum, was für ein höchstes Gut das ist, das einen Wächter nötig hat, um gut zu sein? Wie aber wird die Tugend die Lust lenken, der sie folgt, da doch zu folgen den kennzeichnet, der gehorcht, zu lenken den, der befiehlt? Nach hinten setzt du, was befiehlt? Aber es hat ja die Tugend bei euch eine außerordentliche Aufgabe: die Lüste vorzukosten. Doch wir werden noch sehen, ob die Tugend da, wo sie so schändlich behandelt wurde, noch Tugend ist, kann sie doch ihren Namen nicht behalten, wenn sie von ihrem Platz gewichen ist; einstweilen – denn darum geht es – verweise ich auf die vielen, die von den Lüsten beherrscht werden, über die das Glück alle seine Gaben ausgegossen hat und von denen du doch eingestehen musst, dass sie schlecht sind. Sieh dir Nomentanus an und Apicius, wie sie die ›Güter‹ – so sagen sie – der Länder und des Meeres zusammensuchen und auf ihrer Tafel Tiere aller Art Revue passieren lassen; sieh dieselben Männer an, wie sie von ihrem Rosenlager aus auf ihre Speisen herabschauen, wie sie ihre Ohren durch den Klang von Stimmen, ihre Augen durch Schauspiele und ihren Gaumen durch Leckereien ergötzen; durch weiche und linde Umschläge wird ihr ganzer Körper gereizt, und damit die Nase unterdessen nicht untätig ist, wird der Raum selbst, in dem man seiner Genusssucht feierliche Opfer darbringt, von vielerlei Wohlgerüchen erfüllt. Du wirst sagen, dass diese Menschen lustvoll leben, und doch wird es ihnen nicht gut gehen, da sie sich nicht an einem wirklichen Gut freuen.

12

»Schlecht«, sagt er, »wird es ihnen gehen, weil vieles dazwischenkommen wird, was die Seele verwirrt, und weil einander widersprechende Meinungen den Geist beunruhigen werden.« Dass dies so ist, räume ich ein, aber nichtsdestoweniger empfinden eben jene törichten, unausgeglichenen und dem heftigen Zugriff der Reue ausgesetzten Menschen große Lust, so dass zuzugeben ist, dass sie in diesem Augenblick ebenso weit von jedem Missbehagen wie von der Vernunft entfernt sind und – was bei den meisten der Fall ist – in einem heiteren Wahnsinn leben und unter Lachen rasen. Im Gegensatz dazu sind die Lüste der Weisen gelinde, bescheiden und fast lau, gedämpft und kaum zu bemerken, da sie weder auf Verlangen kommen noch, mögen sie sich auch von selbst eingefunden haben, in Ansehen stehen oder von denjenigen, die sie empfinden, freudig aufgenommen werden. Denn diese vermischen sie und fügen sie dem Leben ein wie Spiel und Scherz unter Ernstes.

Man soll also aufhören, Dinge, die nicht zusammenpassen, zu verbinden und mit der Tugend die Lust zu verknüpfen, ein Fehler, durch den man gerade den Schlechtesten schmeichelt. Derjenige nämlich, der seinen Lüsten völlig hingegeben ist, der fortwährend rülpst und trunken ist, glaubt, weil er weiß, dass er lustvoll lebt, er lebe auch tugendhaft (denn er hört, dass die Lust von der Tugend nicht getrennt werden könne); daraufhin nennt er seine Laster Weisheit und bekennt sich offen zu Dingen, die man verbergen müsste. Also schwelgen sie nicht auf Veranlassung Epikurs, sondern den Lastern bereits ergeben, bergen sie ihre Schwelgerei im Schoß der Philosophie und laufen dort zusammen, wo sie die Lust loben hören. Und sie ermessen nicht, wie nüchtern und trocken jene Lust Epikurs ist – denn dies, beim Herkules, ist meine Meinung –, sondern auf den bloßen Namen hin eilen sie herbei, weil sie für ihre Begierden irgendeinen Schutz und Deckmantel suchen. Und so verlieren sie das einzige Gut, das sie unter ihren Übeln besaßen: die Scham zu sündigen; denn sie preisen das, worüber sie erröteten, und rühmen sich des Lasters; und deswegen können sich die jungen Leute nicht einmal wiederaufraffen, wenn nämlich dem schändlichen Müßiggang ein ehrenvoller Name zuteilgeworden ist. Das ist der Grund, warum dieses Lob der Lust unheilvoll ist: weil die sittlichen Vorschriften im Inneren verborgen bleiben, das, was Verderben stiftet, offen in Erscheinung tritt.

13

Tatsächlich bin ich für meine Person der Meinung – und ich sage das wohl zum Unwillen unserer Genossen –, dass Epikur sittlich Einwandfreies und Richtiges vorschreibt und, wenn man näher zusieht, sogar Freudloses; denn jene Lust wird auf ein geringes und dürftiges Maß zurückgenommen, und das Gesetz, das wir der Tugend auferlegen, erlegt er der Lust auf: Er heißt sie der Natur gehorchen; zu wenig ist aber der Genusssucht, was der Natur genug ist. Wie also steht es? Jeder, der untätige Muße und den Wechsel von Schlemmerei und Begierde Glückseligkeit nennt, sucht für eine schlechte Sache einen guten Gewährsmann, und wenn er durch den schmeichelnden Namen verführt dorthin gelangt ist, dann geht er der Lust nach: nicht der, von der er hört, sondern der, die er mitgebracht hat, und nachdem er begonnen hat zu glauben, seine Laster entsprächen den Vorschriften, gibt er ihnen ohne Furcht und Heimlichkeit nach, ja lebt dann der Schwelgerei sogar ganz offen. Deswegen werde ich nicht sagen, was die meisten der Unseren sagen: die Sekte Epikurs sei eine Lehrerin von Schändlichkeiten, sondern ich sage Folgendes: Man spricht schlecht über sie, sie steht in schlechtem Ruf. »Aber unverdienterweise.« Wer kann das wissen, außer wenn er ins Innere zugelassen wurde? Ihr Äußeres selbst gibt Veranlassung zum Gerede und regt zu übler Hoffnung an. Das ist so etwas wie ein tapferer Mann, der ein Frauengewand trägt: Dein Gefühl für Anstand ist unwandelbar, dein mannhaftes Wesen ist unversehrt, dein Körper ist zu keiner schändlichen Nachgiebigkeit bereit, aber in deiner Hand ist das Tamburin. Daher soll man eine ehrenvolle Bezeichnung wählen und eine Aufschrift, die schon von selbst die Seele aufrichtet; die, die jetzt dasteht, haben die Laster erfunden. Wer immer auf die Seite der Tugend getreten ist, hat eine Probe seiner edlen Anlage gegeben; wer der Lust folgt, erscheint kraftlos, gebrochen, seiner Männlichkeit entfremdet, auf dem Weg in Schändlichkeiten, wenn ihm nicht jemand die Lüste unterscheiden hilft, so dass er weiß, welche sich im Rahmen eines natürlichen Begehrens halten und welche sich überstürzen und maßlos sind und desto unersättlicher, je mehr man ihnen Sättigung verschafft.

Wohlan denn, die Tugend gehe voran; jeder Schritt wird sicher sein. Und Lust im Übermaß schadet; bei der Tugend ist nicht zu befürchten, dass es irgendein Übermaß gibt, weil ihr selbst Maß innewohnt; kein Gut aber ist, was an seiner Größe leidet. Ferner: Was kann denjenigen, denen eine vernünftige Natur zuteilgeworden ist, Besseres vor Augen gestellt werden als die Vernunft? Und wenn diese Verbindung gefällt, wenn es gefällt, in dieser Begleitung den Weg zum glücklichen Leben zu gehen, dann schreite die Tugend voran, die Lust begleite sie und bewege sich wie der Schatten um den Körper; die Tugend aber, die erhabene Herrin, der Lust als Magd zu übergeben kommt dem zu, der in seinem Geist nichts Großes zu fassen vermag.

14

Im ersten Glied gehe die Tugend, sie trage die Feldzeichen: Wir werden um nichts weniger Lust haben, aber wir werden ihre Herren und Lenker sein; manches wird sie von uns erbitten, zu nichts wird sie uns zwingen. Diejenigen hingegen, die der Lust den Vorrang überlassen haben, haben sich beider Dinge begeben; denn die Tugend verlieren sie, im Übrigen aber haben nicht sie selbst die Lust, sondern die Lust hat sie: Entweder werden sie von ihrem Ausbleiben gequält oder von ihrer Fülle erstickt; unglücklich, wenn sie von ihr im Stich gelassen, unglücklicher, wenn sie von ihr überschüttet werden; wie die im Syrtenmeer Festgehaltenen bleiben sie bald auf dem Trockenen liegen, bald werden sie von der tosenden Flut umhergeschleudert. Dies aber geschieht aufgrund allzu großer Unmäßigkeit und blinder Liebe zu einer Sache; denn für den, der Schlechtes anstelle von Gutem erstrebt, ist es gefährlich, es zu erlangen. Wie wir wilde Tiere unter Mühe und Gefahr jagen und auch, wenn sie gefangen sind, ihr Besitz beunruhigend ist – denn oft zerfleischen sie ihre Herren –, so verhält es sich mit den großen Lüsten: Zu einem großen Übel haben sie sich entwickelt, und dadurch, dass sie gefangen worden sind, haben sie gefangen. Je zahlreicher und je größer sie sind, desto kleiner und desto zahlreicheren Herren versklavt ist derjenige, den die Masse glückselig nennt. Ich will hier weiter bei diesem Bild bleiben. Wie derjenige, der die Lager reißender Tiere aufspürt und es schätzt, ›mit dem Strick wilde Tiere zu fangen‹ und ›mit Hunden weite Wälder zu umzingeln‹, um den Spuren jener Tiere zu folgen, Wichtigeres im Stich lässt und sich von vielen Pflichten lossagt, so stellt, wer der Lust nachjagt, alles hintan und vernachlässigt als Erstes die Freiheit und gibt sie hin um des Bauches willen und kauft doch nicht sich die Lüste, sondern verkauft sich den Lüsten.

15

»Dennoch«, sagt er, »was hindert uns, Tugend und Lust in eins zu verschmelzen und das höchste Gut so zu fassen, dass das sittlich Gute und das Lustvolle dasselbe sind?« Dass Teil des sittlich Guten nur ein sittlich Gutes sein kann und das höchste Gut seine Reinheit nicht behalten wird, wenn es an sich etwas bemerkt, das sich von einem Besseren unterscheidet. Selbst die Freude, die aus der Tugend hervorgeht, ist, mag sie auch gut sein, dennoch nicht Teil des absoluten Guten, ebenso wenig wie Fröhlichkeit und Seelenruhe, mögen sie auch aus den vortrefflichsten Ursachen entstehen; denn diese Dinge sind zwar Güter, aber solche, die dem höchsten Gut folgen, nicht es vollenden. Wer aber Tugend und Lust verbindet – und nicht einmal in gleichem Rang –, der schwächt durch die Zerbrechlichkeit des einen Gutes, was immer an Kraft im anderen ist, und schickt jene Freiheit, die dann erst unbesiegbar ist, wenn sie nichts Wertvolleres kennt als sich selbst, unters Joch. Denn – was die schlimmste Sklaverei ist – sie beginnt das Glück nötig zu haben; es folgt ein Leben voller Angst, Argwohn, Zittern, Furcht vor dem Zufall, in Spannung gehalten vom Wechsel der Umstände. Kein starkes, unbewegliches Fundament gibst du der Tugend, sondern du lässt sie auf schwankendem Grund stehen; was aber ist so schwankend wie die Erwartung des Zufälligen und die Wandelbarkeit des Körpers und der Dinge, die auf den Körper einwirken? Wie kann einer Gott gehorchen, was immer geschieht, guten Mutes annehmen und – ein wohlwollender Deuter dessen, was ihm widerfährt – nicht über das Schicksal klagen, wenn er bei den kleinen Reizungen der Lüste und der Schmerzen erschüttert wird? Aber nicht einmal ein guter Schützer oder Retter des Vaterlandes ist er und auch kein Verteidiger seiner Freunde, wenn er sich nach den Lüsten ausrichtet. Dorthin also soll das höchste Gut emporsteigen, von wo keine Gewalt es herabzieht, wohin weder Schmerz noch Hoffnung noch Furcht Zugang haben noch irgendeine andere Sache, die das Recht des höchsten Gutes einschränkt; dorthin emporzusteigen aber vermag allein die Tugend. Mit ihrem Schritt muss diese Anhöhe bezwungen werden; sie wird tapfer standhalten und, was immer geschieht, nicht nur geduldig, sondern auch gern ertragen und wissen, dass alle Schwierigkeit der Zeitläufte Naturgesetz ist, und wie ein guter Soldat ihre Wunden ertragen, ihre Narben zählen und, von Geschossen durchbohrt, noch im Tod den Feldherrn lieben, für den sie fällt; sie wird jene alte Vorschrift im Herzen bewahren: Folge Gott! Wer immer aber klagt und jammert und seufzt, wird mit Gewalt gezwungen, das Befohlene zu tun, und gegen seinen Willen nichtsdestoweniger zu dem, was ihm auferlegt ist, hingeschleppt. Was für ein Wahnsinn aber ist es, lieber gezogen zu werden als zu folgen! Ebenso, beim Herkules, wie es Torheit und Unkenntnis der eigenen Situation ist, Schmerz zu empfinden, weil dir etwas fehlt oder etwas Härteres zustößt, und in gleicher Weise, sich zu verwundern oder entrüstet zu sein über das, was Guten wie Schlechten geschieht: Krankheiten meine ich, Todesfälle, Gebrechen und was sonst dem menschlichen Leben unerwartet zustößt. Was immer aufgrund der Beschaffenheit der Welt erduldet werden muss, nehme man erhabenen Sinnes auf sich. Auf diesen Fahneneid sind wir eingeschworen worden: das, was uns als Sterblichen zukommt, zu ertragen und sich nicht durch das verwirren zu lassen, was zu vermeiden nicht in unserer Macht steht. In einem Königreich sind wir geboren: Gott gehorchen ist Freiheit.

16

Auf der Tugend also beruht die wahre Glückseligkeit. Was wird dir diese Tugend raten? Dass du nichts für ein Gut oder Übel hältst, was dir nicht aufgrund von Tugend oder Schlechtigkeit zuteilwird; sodann, dass du unerschütterlich gegen das Übel und aufseiten des Guten stehst, dass du, soweit es recht ist, Gott ähnlich zu werden versuchst. Was verspricht sie dir für diese Unternehmung? Gewaltiges und Göttlichem Vergleichbares: Zu nichts wirst du gezwungen werden, nichts wirst du nötig haben, frei wirst du sein, sicher, unverletzlich; nichts wirst du vergeblich in Angriff nehmen, an nichts wirst du gehindert werden; alles wird dir nach Wunsch vonstattengehen, nichts Widriges wird sich ereignen, nichts gegen deine Erwartung und deinen Willen. »Wie also? Die Tugend ist zum glücklichen Leben genug?« Warum sollte sie, vollkommen und göttlich, wie sie ist, nicht genug, ja sogar mehr als genug sein? Denn was kann demjenigen fehlen, der sich außerhalb allen Verlangens gestellt hat? Was kann derjenige von außen benötigen, der das Seine ganz in sich gesammelt hat? Wer aber nach der Tugend erst strebt, hat, auch wenn er schon weit fortgeschritten ist, ein gewisses Maß an Nachsicht vonseiten des Schicksals nötig, da er immer noch im menschlichen Bereich ringt, bis er jenen Knoten gelöst hat und jede Fessel des sterblichen Daseins. Was für ein Unterschied besteht also? Dass die anderen eng angebunden sind, festgeschnürt, auch auf die Folter gespannt; derjenige aber, der zu den oberen Regionen fortgeschritten ist und sich höher erhoben hat, nur eine lose Kette mit sich schleppt, noch nicht frei, aber doch schon so gut wie frei.

17

Wenn daher einer von denen, die die Philosophie ankläffen, sagen sollte, was sie üblicherweise sagen: »Warum also redest du tapferer, als du lebst? Warum gibst du dich gegenüber einem Höherstehenden unterwürfig, hältst Geld für ein dir unentbehrliches Hilfsmittel, lässt dich durch einen Verlust erschüttern, vergießt Tränen, wenn du vom Tod der Gattin oder eines Freundes hörst, nimmst auf deinen Ruf Rücksicht und lässt dich von böswilligem Gerede berühren? Warum hast du Land, das besser bestellt ist, als eine natürliche Nutzung es verlangt? Warum speist du nicht nach deiner Vorschrift? Warum hast du allzu glänzenden Hausrat? Warum wird bei dir Wein getrunken, der älter ist als du? Warum wird in deinem Atrium Gold zur Schau gestellt? Warum werden Bäume gepflanzt, nur um Schatten zu spenden? Warum trägt deine Gattin das Vermögen eines reichen Hauses an den Ohren? Warum kleiden sich deine jungen Bediensteten in kostbare Gewänder? Warum ist es eine Kunst, bei dir aufzuwarten, und wird das Silber nicht aufs Geratewohl und nach Belieben aufgelegt, sondern kunstgemäß angeordnet, und warum gibt es eigens einen Zerlegemeister für die Zukost?« Füge, wenn du willst, hinzu: »Warum hast du Besitzungen jenseits des Meeres? Warum mehr, als du weißt? Warum bist du schändlicherweise entweder so nachlässig, dass du deine wenigen Sklaven nicht kennst, oder so verschwendungssüchtig, dass du mehr hast, als dass dein Gedächtnis ausreichen würde, sie zu kennen?« Ich werde später deine Scheltreden unterstützen und mir mehr vorwerfen, als du ahnst, jetzt gebe ich dir dies zur Antwort: Ich bin nicht weise, und – um deine Missgunst noch zu nähren – ich werde es auch nicht sein. Fordere von mir daher nicht, dass ich den Besten gleich, sondern dass ich besser als die Schlechten sei. Dies ist mir genug: täglich etwas von meinen Fehlern wegzunehmen und meine Irrtümer zu tadeln. Noch bin ich nicht zur Gesundheit gelangt, ja, ich werde nicht einmal dorthin gelangen; ich stelle eher Linderungs- als Heilmittel für meine Gicht zusammen, zufrieden, wenn sie seltener auftritt und wenn sie weniger sticht: Mit euren Füßen verglichen, ihr Krüppel, bin ich freilich ein Schnellläufer. Dies sage ich nicht im eigenen Namen – ich stecke nämlich noch tief in allen Lastern –, sondern im Namen dessen, der schon etwas erreicht hat.

18

»Auf eine Weise«, sagst du, »sprichst du, auf eine andere lebst du.« Ihr überaus böswilligen, gerade den Besten am feindlichsten gesinnten Köpfe, dies wurde Platon vorgeworfen, vorgeworfen wurde es Epikur, vorgeworfen Zeno; denn sie alle sprachen nicht davon, wie sie selbst lebten, sondern wie auch sie selbst leben müssten. Über die Tugend, nicht über mich spreche ich, und wenn ich gegen die Laster Scheltreden führe, dann führe ich sie besonders gegen meine eigenen: Sobald ich es vermag, werde ich leben, wie es sich gehört. Auch diese mit viel Gift getränkte Bosheit wird mich nicht vom Besten abschrecken; nicht einmal der giftige Schleim, mit dem ihr andere bespritzt, euch aber tötet, wird mich daran hindern, dass ich fortfahre, das Leben – nicht das ich führe, sondern das man nach meinem Wissen führen muss – zu preisen, dass ich die Tugend anbete und ihr – in ungeheurem Abstand – hinterherkrieche. Sollte ich wirklich erwarten, dass irgendetwas von der Missgunst verschont bleibt, der weder Rutilius heilig war noch Cato? Dürfte sich wohl irgendjemand darum kümmern, ob er denjenigen zu reich erscheint, denen der Kyniker Demetrius zu wenig arm ist? Von dem leidenschaftlich strengen und gegen alle natürlichen Bedürfnisse ankämpfenden Mann, der dadurch noch ärmer als die übrigen Kyniker ist, dass er sich, weil er sich untersagt hat zu besitzen, auch untersagt hat zu verlangen, behaupten sie, er sei nicht arm genug. Du siehst nämlich: Nicht die Kenntnis der Tugend, sondern die der Armut hat er gelehrt.

19

Von Diodor, dem epikureischen Philosophen, der innerhalb weniger Tage seinem Leben mit eigener Hand ein Ende setzte, behaupten sie, er habe damit, dass er sich die Kehle durchschnitt, nicht nach der Vorschrift Epikurs gehandelt: Die einen wollen diese seine Tat als einen Akt des Wahnsinns angesehen wissen, die anderen als Unüberlegtheit. Er indessen hat, glücklich und voll guten Gewissens, aus dem Leben scheidend Zeugnis für sich abgelegt, hat die Ruhe eines in den Hafen eingelaufenen und vor Anker gegangenen Lebens gepriesen und gesagt, was ihr ungern hört, gleich als ob ihr dasselbe tun müsstet: ›Ich habe gelebt und die Bahn, die mir das Schicksal gab, vollendet.‹ Über das Leben des einen, den Tod des anderen disputiert ihr, und wenn der Name von Männern fällt, die aufgrund irgendeiner Ruhmestat groß sind, dann kläfft ihr wie kleine Hunde, wenn sie auf unbekannte Menschen treffen; denn es kommt euch zustatten, dass niemand gut scheint, gleich als ob fremder Tugend Anprangerung euer Vergehen sei. Neidisch vergleicht ihr Glanzvolles mit eurem Schmutz und seht nicht, zu welch großem eigenen Schaden ihr das wagt. Denn wenn diejenigen, die der Tugend folgen, habgierig, lüstern und ehrgeizig sind, was seid dann ihr, denen schon der bloße Name der Tugend verhasst ist?

Ihr behauptet, dass keiner leiste, was er sagt, und nach dem Muster seiner Rede lebe: Was Wunder, da sie Tapferes sagen, Ungeheures, über alle Stürme des menschlichen Lebens sich Erhebendes? Da sie sich von den Marterhölzern zu lösen versuchen – in die ein jeder von euch seine Nägel selbst einschlägt –, hängen sie, wenn sie dennoch zur Hinrichtung geführt werden, nur an jeweils einem Pfahl; diejenigen dagegen, die sich selbst strafen, werden von ebenso vielen Marterhölzern wie Begierden auseinandergerissen. Dennoch lästern sie und sind zur Schmähung anderer geistreich. Ich würde ja nicht glauben, dass ihnen dies freisteht, wenn nicht manche von ihrem Marterholz aus auch noch die Zuschauer anspien.

20

»Nicht leisten die Philosophen, was sie sagen.« Gleichwohl leisten sie schon damit viel, dass sie sprechen, dass sie die Sittlichkeit in Begriffe fassen. Denn wenn sie auch noch ihren Worten Entsprechendes täten – was wäre glücklicher als sie? Einstweilen gibt es keinen Grund, dass du gute Worte und von guten Gedanken erfüllte Herzen verachtest: Das Betreiben heilbringender Studien ist auch vor dem Erfolg schon lobenswert. Was Wunder, wenn diejenigen nicht auf die Höhe hinaufgelangen, die Steiles in Angriff genommen haben? Aber wenn du ein Mann bist, schau zu denen auf, die Großes versuchen – auch wenn sie stürzen. Etwas Edles ist es – den Blick auf die Kräfte nicht der eigenen Person, sondern der eigenen Natur gerichtet –, einen Versuch zu wagen, Erhabenes in Angriff zu nehmen, im Geist größere Pläne zu fassen, als selbst mit gewaltiger Seelenstärke ausgestattete Menschen verwirklichen können. Wer sich dies vorgenommen hat: »Ich werde den Tod mit derselben Miene sehen, mit der ich von ihm höre. Ich werde mich den Strapazen, wie groß auch immer sie sein werden, unterziehen, indem ich den Körper mit der Seele stütze. Ich werde den Reichtum, ob er da ist oder nicht, in gleicher Weise verachten, weder niedergeschlagener, wenn er anderswo liegt, noch höher gestimmt, wenn er rings um mich her erglänzt. Ich werde das Glück weder wenn es kommt noch wenn es geht wahrnehmen. Ich werde alle Länder als mir, meine als allen gehörig ansehen. Ich werde so leben, als ob ich wüsste, dass ich für die anderen geboren bin, und ich werde der Natur dafür Dank sagen: denn auf welche Weise hätte sie mein Geschäft besser besorgen können? Mich Einzelnen hat sie allen gegeben, mir Einzelnem alle. Was immer ich besitzen werde, werde ich weder geizig hüten noch verschwenderisch austeilen; nichts werde ich in höherem Maße zu besitzen glauben als das auf rechte Weise Verschenkte. Nicht nach Zahl noch nach Gewicht noch nach irgendeiner Einschätzung außer der des Empfangenden werde ich meine Wohltaten abwägen; niemals wird das für mich viel sein, was ein Würdiger empfängt. Nichts werde ich um meines Rufes, alles um meines Gewissens willen tun. Ich werde glauben, dass vor den Augen des Volkes geschieht, was immer ich mit meinem Wissen tue. Zweck des Essens und Trinkens wird es für mich sein, die natürlichen Bedürfnisse zu befriedigen, nicht den Bauch zu füllen und zu leeren. Ich werde zu meinen Freunden liebenswürdig, gegenüber meinen Feinden mild und nachsichtig sein. Ich werde mich erbitten lassen, bevor ich gebeten werde, und ehrenhaften Bitten zuvorkommen. Ich werde wissen, dass mein Vaterland die Welt ist und seine Lenker die Götter und dass diese über mir und um mich stehen als Zensoren meiner Taten und Worte. Und wenn entweder die Natur den Lebensatem zurückfordern oder die Vernunft ihn entlassen wird, werde ich mit der Erklärung aus dem Leben scheiden, dass ich das gute Gewissen geliebt habe und die rechten Bestrebungen, dass niemandes Freiheit durch mich geschmälert worden ist, am wenigsten die meine« – wer sich vornimmt, dies zu tun, wer es will, es versucht, der wird den Weg zu den Göttern gehen, ja, der ist, auch wenn er nicht durchhält, ›doch bei einem großen Unterfangen gescheitert‹. Ihr freilich tut damit, dass ihr die Tugend und ihre Verehrer hasst, nichts Neues. Denn kranke Augen fürchten die Sonne, und Nachttiere wenden sich von der Helle des Tages ab; sie erstarren bei seinem ersten Anbruch und suchen überall ihre Schlupfwinkel auf, verbergen sich in irgendwelchen Spalten aus Furcht vor dem Licht. Knurrt nur und übt eure unselige Zunge in der Schmähung der Guten, reißt den Rachen auf, beißt zu; viel eher werdet ihr eure Zähne abbrechen als sie einpressen.

21

»Warum ist jener ein Anhänger der Philosophie und führt ein Leben in solchem Reichtum? Warum sagt er, man müsse Schätze verachten, und besitzt sie, glaubt, man müsse das Leben verachten, und lebt trotzdem, meint, man müsse die Gesundheit verachten, und schützt sie dennoch auf das Sorgfältigste und wünscht sie sich möglichst gut? Er achtet Verbannung für ein leeres Wort und sagt: ›Was ist Schlimmes daran, die Gegend zu wechseln?‹, und doch wird er, wenn möglich, im Vaterland alt? Er ist der Ansicht, dass zwischen einer längeren und einer kürzeren Zeit kein Unterschied bestehe, doch dehnt er, wenn ihn nichts hindert, seine Lebenszeit aus, und es behagt ihm, in hohem Alter noch gut bei Kräften zu sein?« Er sagt, dass man diese Dinge verachten müsse, nicht, um sie nicht zu haben, sondern um sie ohne innere Unruhe zu haben; er jagt sie nicht von sich, aber wenn sie weggehen, gibt er ihnen ohne Kummer das Geleit. Reichtum freilich, wo wird ihn das Schicksal sicherer hinterlegen als dort, woher es ihn ohne Klage dessen, der ihn zurückgibt, zurückerhalten wird? Als M. Cato den Curius lobte und den Coruncanius und jenes Zeitalter, da wenige Plättchen Silber dem Zensor Anlass zur Rüge boten, besaß er selbst vier Millionen Sesterzen: zweifellos weniger als Crassus, doch mehr als Cato Censorius. Mit größerem Abstand – wenn man sie vergleichen würde – hatte er den Ahn besiegt, als er von Crassus besiegt wurde, und wenn größerer Reichtum sich ihm angeboten hätte, so hätte er ihn nicht verschmäht. Denn der Weise hält sich nicht irgendwelcher Gaben des Zufalls für unwürdig: Er liebt den Reichtum nicht, aber er zieht ihn vor; er nimmt ihn nicht in seine Seele, aber in sein Haus auf; und er verschmäht es nicht, ihn zu besitzen, sondern hält ihn zusammen und wünscht, dass seiner Tugend noch größere Mittel an die Hand gegeben werden.

22

Was für einen Zweifel aber gibt es, dass dem weisen Mann im Reichtum größere Mittel, um seine Seele zu entfalten, zur Verfügung stehen als in der Armut, da in dieser die einzig mögliche Art von Tugend ist, sich nicht zu beugen und nicht niederdrücken zu lassen, im Reichtum dagegen Mäßigung, Freigebigkeit, Sorgfalt, Organisationsvermögen und Großzügigkeit ein weites Feld haben? Nicht wird der Weise sich verachten, auch wenn er von sehr kleinem Wuchs ist; gleichwohl wird er wünschen, hochgewachsen zu sein. Auch körperlich schwach oder nach Verlust eines Auges wird er sich wohl befinden; dennoch wird er es vorziehen, körperliche Robustheit zu besitzen: dies freilich in dem Bewusstsein, dass etwas anderes in ihm noch stärker ist; schlechte Gesundheit wird er ertragen, gute sich wünschen. Bestimmte Dinge nämlich, auch wenn sie im Hinblick auf das Ganze geringfügig sind und entzogen werden können, ohne dass das vornehmste Gut dadurch zusammenstürzt, tragen dennoch etwas zu der beständigen Fröhlichkeit bei, die aus der Tugend entsteht: So berührt Reichtum jenen und stimmt ihn heiter, wie den Schiffsreisenden ein günstiger Fahrtwind, wie ein schöner Tag und in der Kälte des Winters ein sonniger Platz. Ferner: Wer von den Weisen – von unseren, meine ich, für die das einzige Gut die Tugend ist – leugnet, dass auch die Dinge, die wir gleichgültig nennen, einen bestimmten Wert in sich tragen und die einen den anderen vorzuziehen sind? Manchen unter ihnen wird ein gewisses Maß an Wertschätzung zuteil, manchen ein hohes; damit dir also kein Irrtum unterläuft: Reichtum gehört zu den Dingen, die vorzuziehen sind. »Warum also«, sagst du, »verlachst du mich, da er doch bei dir denselben Rang einnimmt wie bei mir?« Du willst wissen, inwieweit er *nicht* denselben Rang einnimmt? Wenn sich der Reichtum mir entzieht, wird er nichts wegtragen außer sich selbst, du hingegen wirst betreten staunen und dir wie ohne dich selbst zurückgelassen vorkommen, wenn er sich von dir zurückgezogen hat; bei mir nimmt der Reichtum irgendeinen Rang ein, bei dir den höchsten; schließlich und endlich: Der Reichtum gehört mir, du aber gehörst dem Reichtum.

23

Lass also davon ab, den Philosophen das Geld zu verbieten: Niemand hat die Weisheit zur Armut verurteilt. Es wird der Philosoph großen Reichtum besitzen, aber solchen, der niemandem entrissen und nicht von fremdem Blut befleckt ist, der ohne Unrecht gegen irgendjemanden und ohne schmutzige Geschäfte erworben ist, dessen Ausgang so ehrenhaft sein wird wie sein Eingang, über den niemand seufzen wird – außer den Böswilligen. Vermehre ihn, so sehr du willst: Er ist ehrenwert, sofern darunter zwar vieles ist, was ein jeder sein Eigen genannt wissen möchte, aber nichts, was irgendeiner tatsächlich sein Eigen nennen könnte. Jener aber wird die Güte des Schicksals nicht von sich weisen und sich eines auf anständige Weise erworbenen Vermögens weder rühmen noch schämen. Dennoch wird er auch etwas besitzen, dessen er sich rühmen darf, wenn er sein Haus öffnen, der Bürgerschaft Zutritt zu seinem Besitz gestatten und sagen kann: »Was ein jeder als sein Eigentum erkennt, nehme er mit sich.« Ein großer Mann, ein auf vorzügliche Weise reicher Mann, wenn er nach diesem Aufruf noch ebenso viel besitzt! Dies sage ich: Wenn er dem Volk gefahrlos und unbesorgt die Durchsuchung erlaubt hat, wenn keiner bei ihm etwas gefunden hat, das er beanspruchen könnte, dann darf er kühn und vor aller Welt reich sein. Der Weise wird keinen Denar über seine Schwelle lassen, der auf üble Weise eintritt; doch zugleich wird er große Schätze – Geschenk des Schicksals und Ertrag seiner Tugend – nicht zurückweisen und nicht ausschließen. Denn was für einen Grund gibt es, dass er ihnen einen guten Platz neiden sollte? Sie sollen kommen, sie sollen als Gäste einkehren. Weder wird er sich mit ihnen brüsten noch sie verbergen – das eine ist das Verhalten einer einfältigen Seele, das andere das einer furchtsamen und kleinlichen, gleichsam einer, die ein großes Gut im Gewand versteckt hält –, noch, wie ich bereits gesagt habe, wird er sie aus dem Haus werfen. Was nämlich wird er sagen? Etwa »Ihr seid unnütz« oder »Ich weiß Reichtum nicht zu gebrauchen«? Wie er auch auf eigenen Füßen einen Weg zurücklegen kann und dennoch lieber auf den Wagen steigen wird, so wird er arm sein können, aber reich sein wollen. Er wird daher Schätze besitzen, aber als etwas Unverlässliches und Flüchtiges, und er wird weder zulassen, dass sie irgendeinem anderen, noch, dass sie ihm selbst beschwerlich sind.

Schenken wird er – warum spitzt ihr die Ohren, warum öffnet ihr eure Taschen? –, schenken wird er entweder Guten oder solchen, die er gut machen kann; schenken wird er, indem er mit gründlichster Überlegung die Würdigsten auswählt, da ihm bewusst ist, dass man über Ausgaben wie über Einnahmen Rechenschaft geben muss; schenken wird er aus rechtem und billigem Grund, denn ein schlechtes Geschenk zählt zu den schändlichen Verlusten; er wird eine Tasche haben, die sich leicht öffnet, aber nicht löchrig ist, aus der vieles herausgeht und nichts herausfällt.

24

Wenn einer glaubt, Schenken sei eine leichte Sache, so irrt er: Diese Sache enthält ein Höchstmaß an Schwierigkeit, wenn denn mit Überlegung zugeteilt, nicht nach Zufall und plötzlicher Neigung verschleudert wird. Um diesen mache ich mich verdient, jenem vergelte ich; diesem komme ich zu Hilfe, dessen erbarme ich mich; jenen statte ich aus, weil er es wert ist, dass ihn die Armut nicht auf Abwege bringt noch in ihrem Bann hält; manchen werde ich nicht geben, wie sehr sie auch Mangel leiden, weil sie auch dann, wenn ich gegeben habe, Mangel leiden werden; manchen werde ich anbieten, manchen aufdrängen. Ich kann in dieser Sache nicht nachlässig sein; niemals führe ich genauer Buch, als wenn ich schenke. »Was?«, sagst du. »Du gibst, um wiederzubekommen?« Vielmehr, um nicht zu verlieren: Dorthin soll sich eine Schenkung richten, woher sie nicht zurückgefordert werden muss, aber zurückgegeben werden kann. Eine Wohltat soll man anlegen wie einen tief vergrabenen Schatz, den man nur ausgräbt, wenn es unbedingt nötig ist. Was? Gerade das Haus eines reichen Mannes: Wie viel Material, Gutes zu tun, bietet es! Wer nämlich ruft die Freigebigkeit nur für die herbei, die eine Toga tragen? Menschen zu nützen, befiehlt mir die Natur. Ob diese Sklaven oder Freie sind, Freigeborene oder Freigelassene, von rechtmäßiger Freiheit oder unter Freunden zugestandener, was macht das aus? Wo immer ein Mensch ist, da ist der rechte Ort für eine Wohltat. Daher kann Geld auch innerhalb der eigenen vier Wände verteilt werden und der Freigebigkeit dienen, die ja nicht so heißt, weil sie Freien geschuldet wird, sondern weil sie von einer freien Seele ausgeht. Sie wird bei einem Weisen weder jemals moralisch Minderwertigen und Unwürdigen aufgenötigt, noch irrt sie jemals so erschöpft umher, dass sie nicht, sooft sie einen Würdigen findet, gleichsam aus dem Vollen fließt.

Keinen Grund gibt es also, dass ihr falsch auffasst, was von denen, die nach Weisheit streben, auf anständige, tapfere und mutige Weise gesagt wird. Und dies beachtet zuerst: Eines ist der, der nach Weisheit strebt, ein anderes der, der Weisheit bereits erlangt hat.

Jener wird dir sagen: »Vortrefflich rede ich, aber noch winde ich mich zwischen vielen Übeln. Keinen Grund gibt es, dass du mich an meiner Formel misst: So intensiv wie möglich bilde und forme ich mich und strebe einem bedeutenden Vorbild nach; wenn ich so weit fortgeschritten bin, wie ich mir vorgenommen habe, dann fordere, dass die Taten den Worten entsprechen.«

Derjenige aber, der die höchste Stufe menschlichen Wertes erreicht hat, wird anders mit dir umgehen und sagen: »Erstens gibt es keinen Grund, dass du dir erlaubst, über Bessere ein Urteil zu fällen; mir gelingt es bereits – was ein Beweis für das richtige Verhalten ist –, den Schlechten zu missfallen. Aber um dir Rechenschaft zu geben, die ich keinem Menschen versage: Höre, wozu ich mich bekenne und wie ich ein jedes einschätze. Ich sage, dass Reichtum kein Gut ist; denn wenn er es wäre, würde er gut machen: Da er nun aber, weil er auch bei Schlechten angetroffen wird, nicht als Gut bezeichnet werden kann, verweigere ich ihm diesen Namen. Im Übrigen gestehe ich zu, dass man ihn besitzen soll, dass er nützlich ist und große Annehmlichkeiten des Lebens mit sich bringt.

25

Was nun also der Grund ist, weshalb ich ihn nicht zu den Gütern zähle, und was ich in ihm anderes sehe als ihr, da doch zwischen beiden Seiten Einigkeit darüber besteht, dass man ihn besitzen soll, das hört: Setze mich in ein überaus reiches Haus, setze mich dorthin, wo Gold und Silber bei jeder Gelegenheit in Gebrauch sind: Nicht werde ich wegen dieser Dinge zu mir aufschauen, die, auch wenn sie bei mir, doch außerhalb meiner sind. Versetze mich zum Pons Sublicius und wirf mich unter die Bedürftigen: Dennoch werde ich nicht deswegen auf mich herabschauen, weil ich in der Schar derjenigen sitze, die die Hand nach einer Gabe ausstrecken. Was nämlich tut es zur Sache, ob demjenigen ein Bissen Brot fehlt, dem die Möglichkeit zu sterben nicht fehlt? Wie also steht es? Ich ziehe jenes prächtige Haus der Brücke vor. Setze mich unter glänzenden Hausrat und in aufwendige Eleganz: Um nichts glücklicher werde ich mich schätzen, weil ich einen weichen Überwurf habe, weil Purpur für meine Gäste ausgebreitet wird. Tausche meine Decken aus: Um nichts unglücklicher werde ich sein, wenn mein müder Nacken auf einer Handvoll Heu ruht, wenn ich auf einem Zirkuspolster liege, dessen Füllung bereits durch die Flicknähte der alten Leinwand herausquillt. Wie also steht es? Ich ziehe es vor, in der Toga praetexta zu zeigen, was für eine Seele ich habe, als mit nackten Schultern. Mögen alle Tage für mich nach Wunsch verlaufen, mögen sich neue Gratulationen an die früheren reihen: Ich werde deswegen nicht selbstgefällig werden. Verwandle diese Gunst der Zeit in ihr Gegenteil, von hier und von dort soll die Seele durch Verlust, Trauer, Angriffe unterschiedlichster Art erschüttert werden, keine Stunde soll ohne irgendeinen Grund zur Klage sein: Ich werde mich im schlimmen Unglück deswegen nicht unglücklich nennen; ich werde deswegen keinen einzigen Tag verfluchen; ich habe nämlich Vorsorge getroffen, dass es für mich keinen Unglückstag gebe. Wie also steht es? Ich will lieber Freuden mäßigen als Schmerzen unterdrücken müssen.«

Dies wird dir der berühmte Sokrates sagen: »Mache mich zum Sieger über alle Völker, der üppig geschmückte Wagen des Liber soll mich im Triumph vom Aufgang der Sonne bis nach Theben fahren, Könige sollen Rechtssatzungen von mir erbitten: Dass ich ein Mensch bin, werde ich vor allem dann bedenken, wenn ich von allen Seiten als Gott gegrüßt werde. Diesem erhabenen Gipfel schließe unmittelbar den jähen Wechsel an; man stelle mich auf eine fremde Trage, um den Zug eines stolzen und wilden Siegers zu schmücken: ich werde nicht demütiger hinter dem fremden Wagen hergeführt werden, als ich auf dem meinen gestanden hatte. Was also ist? Ich will gleichwohl lieber siegen als gefangen genommen werden. Das ganze Reich des Zufalls werde ich verachten, aber wenn man mir die Wahl lässt, werde ich mir aus ihm die besseren Dinge nehmen. Was immer zu mir kommt, wird gut werden, aber ich ziehe es vor, dass Leichteres und Angenehmeres kommt und für den, der damit umgeht, weniger Quälendes.

Es gibt nämlich keinen Grund, dass du glaubst, irgendeine Tugend sei ohne Anstrengung; aber manche Tugenden bedürfen der Sporen, manche der Zügel. Wie man einen Körper auf abschüssigem Grund zurückhalten muss, wenn es steil bergauf geht, jedoch vorantreiben, so befinden sich manche Tugenden auf abschüssigem Grund, manche ersteigen eine Anhöhe. Oder ist es etwa zweifelhaft, dass Leidensfähigkeit, Tapferkeit, Ausdauer und jede andere Tugend, die sich Widrigkeiten entgegenstemmt und das Geschick bezwingt, emporklimmen, sich anstrengen, ringen? Was also? Ist es nicht ebenso offenkundig, dass Freigebigkeit, Mäßigung, Milde sich auf abfallendem Grund bewegen? Bei diesen halten wir die Seele fest, damit sie nicht nach vorne stürzt, bei jenen ermuntern wir sie und spornen sie aufs Schärfste an. Also werden wir bei Armut jene Tugenden anwenden, die zu kämpfen verstehen, die tapfereren, bei Reichtum jene vorsichtigeren, die ihren Schritt zögernd setzen und das eigene Gewicht unter Kontrolle zu halten suchen. Da nun diese Zweiteilung besteht, will ich lieber die Tugenden in Gebrauch haben, die auf ruhigere Weise auszuüben sind, als die, deren Bewährung Blut und Schweiß bedeutet. Also lebe ich nicht anders«, sagt der Weise, »als ich rede, sondern ihr fasst es anders auf; nur der Klang der Worte gelangt zu euren Ohren: Was er bedeutet, fragt ihr nicht.«

26

»Was für ein Unterschied besteht also zwischen mir, dem Toren, und dir, dem Weisen, wenn wir beide besitzen wollen?« Ein sehr großer: Der Reichtum befindet sich nämlich bei einem weisen Mann in der Stellung eines Sklaven; bei einem törichten in der des Herrn; der Weise gestattet dem Reichtum nichts, euch gestattet der Reichtum alles; ihr, als ob euch jemand dessen ewigen Besitz versprochen hätte, gewöhnt euch an ihn und hängt an ihm; der Weise denkt dann am meisten an die Armut, wenn er sich mitten im Reichtum befindet. Niemals vertraut ein Feldherr in der Weise auf den Frieden, dass er sich nicht auf den Krieg vorbereitet, der, auch wenn er nicht geführt wird, angesagt ist. Euch macht ein schönes Haus, als ob es weder verbrennen noch einstürzen könnte, hochmütig; euch lässt Reichtum staunend erstarren, als ob er jede Gefahr hinter sich gelassen hätte und ihr größeren besäßt, als dass das Schicksal stark genug wäre, ihn aufzuzehren. Müßig spielt ihr mit dem Reichtum und seht seine Gefährdung nicht voraus, so wie Barbaren zumeist – eingeschlossen und in Unkenntnis der Belagerungsmaschinen – untätig der Anstrengung der Belagerer zusehen und nicht verstehen, worauf die Dinge abzielen, die in der Ferne gebaut werden. Dasselbe widerfährt euch: Ihr erschlafft in eurem Besitz und bedenkt nicht, wie viele Schicksalsschläge von überall her drohen, jetzt schon bereit, die kostbare Beute davonzutragen. Wer immer den Reichtum des Weisen wegschleppt, wird alles, was wirklich sein ist, bei ihm zurücklassen; denn er lebt froh über das Gegenwärtige, ohne Sorge um das Zukünftige.

»Zu nichts«, sagt jener Sokrates oder irgendein anderer, der dieselbe Verfügungsgewalt und dieselbe Einstellung gegenüber den menschlichen Dingen und dieselbe Macht über sie hat, »bin ich mehr entschlossen als dazu, den Vollzug meines Lebens nicht nach euren Ansichten zu richten. Tragt überallher die üblichen Worte zusammen: Nicht dass ihr scheltet, werde ich glauben, sondern dass ihr quäkt wie ganz unglückliche kleine Kinder.« Dies wird derjenige sagen, dem Weisheit zuteilgeworden ist, dem seine von Schwäche freie Seele andere zu schelten befiehlt, nicht weil er hasst, sondern zur Heilung. Diesen Worten wird er Folgendes hinzufügen: »Eure Meinung erregt mich nicht um meinet-, sondern um euretwillen, weil die Tugend zu hassen und zu reizen guter Hoffnung abschwören heißt. Nichts Übles tut ihr mir an – aber es tun ja nicht einmal diejenigen den Göttern Übles an, die Altäre einreißen. Doch der böse Vorsatz und die böse Absicht treten auch da hervor, wo sie nicht schaden konnten. Eure Faseleien ertrage ich so wie Juppiter Optimus Maximus die Ungereimtheiten der Dichter, von denen der eine ihm Flügel angedichtet hat, ein anderer Hörner, ein anderer ihn als Ehebrecher dargestellt hat und Nachtschwärmer, ein anderer als grausam gegen die Götter, ein anderer als ungerecht gegen die Menschen, ein anderer als Entführer von Freigeborenen und sogar Verwandten, ein anderer als Vatermörder und Eroberer eines fremden, und zwar des väterlichen Reiches: Dadurch ist nichts anderes bewirkt worden, als dass den Menschen die Scheu zu sündigen genommen wurde, wenn sie an solche Götter glaubten.

Aber wenn mich diese Dinge auch keineswegs verletzen, so ermahne ich euch doch um euretwillen: Schaut auf zur Tugend; glaubt denen, die ihr lange gefolgt sind und laut verkünden, dass sie einer großen Sache folgen, die sich von Tag zu Tag als bedeutender erweise, und verehrt die Tugend selbst wie die Götter und ihre Lehrer wie Priester, und sooft es zur Erwähnung der heiligen Schriften kommt, erweist schweigend eure Gunst. Dieser Ausdruck lässt sich nicht, wie die meisten glauben, von ›Gunstbezeigung‹ her verstehen, sondern er befiehlt Schweigen, damit das Opfer ordnungsgemäß vollzogen werden kann, ohne dass ein schädliches Wort dazwischentönt. Viel notwendiger ist es, dies *euch* zu befehlen, damit ihr, sooft etwas von jenem Orakel verkündet werden wird, aufmerksam und jeden Laut unterdrückend zuhört. Wenn irgendeiner, die Klapper schüttelnd, seinem Auftrag entsprechend Lügen verkündet, wenn irgendeiner – Künstler darin, sich die Arme aufzuschneiden – Arme und Schultern mit unsicherer Hand zum Bluten bringt, wenn irgendeine, auf Knien den Weg entlangrutschend, ein Geheul anstimmt und ein in Leinwand gekleideter Greis, der Lorbeer und – mitten am Tag – eine Laterne vor sich herträgt, laut ruft, irgendeine der Gottheiten sei erzürnt, dann lauft ihr zusammen und hört zu und versichert, er sei ein göttlicher Mann, indem ihr wechselseitig eure staunende Betroffenheit nährt.«

27

Siehe, Sokrates ruft laut aus jenem Kerker, den er durch sein Eintreten reinigte und ehrwürdiger als jede Kurie machte: »Was ist das für eine Raserei, was ist das für eine Göttern und Menschen feindliche Sinnesart, die Tugenden in den Schmutz zu ziehen und mit bösartigem Gerede Heiliges zu schänden? Wenn ihr könnt, preist die Guten, wenn nicht, macht, dass ihr weiterkommt; wenn es euch aber gefällt, diese ekelhafte Zügellosigkeit zu üben, fahrt aufeinander los. Denn wenn ihr gegen den Himmel rast, dann – ich sage nicht: begeht ihr ein Sakrileg, sondern: vergeudet ihr eure Mühe. Ich habe dem Aristophanes einst Stoff für Scherze geboten; die ganze Schar der komischen Dichter hat über mich ihren giftigen Spott ausgegossen: Ins Licht ist meine Tugend durch eben die Behauptungen gerückt worden, mit denen sie angegriffen wurde; denn vorgeführt und angegriffen zu werden nützt ihr, und niemand erkennt eher, wie groß sie ist, als die, die ihre Kräfte herausgefordert und gespürt haben: Die Härte des Granits ist niemandem besser bekannt als denen, die auf ihn einschlagen. Ich biete mich nicht anders dar als irgendein Fels, der verlassen im brandenden Meer steht und den die Fluten, von wo auch immer sie herangetrieben werden, unaufhörlich peitschen und ihn doch deswegen weder von der Stelle bewegen noch durch ihren während so vieler Lebensalter beständig erneuerten Angriff aufzehren. Stürmt heran, greift an: Durch Standhalten werde ich euch besiegen. Gegen das, was fest und unüberwindlich ist, betätigt alles, was anrennt, seine Kraft zum eigenen Schaden. Daher sucht irgendeinen weichen, nachgiebigen Stoff, in den sich eure Geschosse bohren können.

Ihr aber habt noch Muße, fremde Fehler aufzuspüren und über irgendjemanden Urteile zu fällen? ›Warum wohnt dieser Philosoph zu großzügig? Warum speist dieser zu gepflegt?‹ Auf Pusteln bei anderen gebt ihr acht, die ihr selbst von zahlreichen Geschwüren übersät seid? Das ist so, wie wenn einer über Muttermale und Warzen an ausnehmend schönen Körpern spottet, den selbst hässliche Krätze zerfrisst. Werft Platon vor, dass er Geld verlangt, Aristoteles, dass er es genommen, Demokrit, dass er sich nicht darum gekümmert, Epikur, dass er es verbraucht hat; mir selbst werft Alkibiades und Phaidros vor, die ihr doch überaus glücklich wärt, sobald es euch gelänge, unsere Fehler nachzuahmen. Warum betrachtet ihr nicht lieber eure Übel, die euch allseits durchbohren, die einen außen wütend, die anderen in den Eingeweiden selbst brennend? Mit den menschlichen Dingen steht es nicht so – auch wenn ihr euren Zustand zu wenig kennt –, dass ihr noch so viel Muße hättet, dass es euch freistünde, eure Zunge zu Beschimpfungen der Besseren zu betätigen.

28

Dies seht ihr nicht ein und tragt eine eurem Schicksal ganz unangemessene Miene zur Schau, so wie sehr viele, denen ihr Haus, während sie müßig im Zirkus oder Theater sitzen, schon zum Trauerhaus geworden, das Leid aber noch nicht gemeldet ist. Aber ich blicke von meiner hohen Warte in die Ferne und sehe, welche Stürme euch entweder bedrohen, im Begriff, kurze Zeit später ihre Wolke bersten zu lassen, oder – ohnehin schon nahe – noch näher herangekommen sind, um euch und eure Habe hinwegzuraffen. Was weiter? Dreht und wälzt nicht auch schon jetzt, auch wenn ihr es kaum spürt, eine Art Wirbelwind eure Seelen umher, die dasselbe fliehen und erstreben und bald in die Höhe erhoben, bald in die Tiefe gestoßen werden …?

Anmerkungen

59,2 *mein Bruder Gallio:* Senecas älterer Bruder Annaeus Seneca Novatus, der als erwachsener Mann von dem Rhetor L. Iunius Gallio (um 35 v. Chr. – nach 39 n. Chr. adoptiert wurde (Zeitpunkt unsicher) und von da an L. Iunius Gallio Annaeanus hieß. Zur Zeit des Apostels Paulus war er Promagistrat in Korinth, später *consul suffectus.* Wie sein Bruder musste er nach der Aufdeckung der Pisonischen Verschwörung Selbstmord verüben.

69,30 *Ädil:* Dem Ädil oblag die polizeiliche Aufsicht nicht nur über Straßen und Märkte, sondern auch über Bäder und Bordelle.

71,23 f. *vertrauend auf seine Seele und auf das eine wie auf das andere vorbereitet:* Vergil (70–19 v. Chr.), *Aeneis* 2,61.

75,27 *Nomentanus:* Den Schlemmer Nomentanus erwähnt bereits Horaz (65–8 v. Chr.) häufig als Beispiel für verschwendungssüchtigen Luxus.

75,27 f. *Apicius*: ein älterer Zeitgenosse Senecas, war ein bekannter Feinschmecker und Verfasser eines Werkes in zehn Büchern über die Kochkunst. Nachdem er 100 Millionen Sesterzen verprasst hatte, verübte er Selbstmord, da ihm die übrig gebliebenen 10 Millionen zum Leben nicht ausreichend schienen.

79,27 *Tamburin:* Das *tympanum*, eine mit Schellen besetzte Handpauke, gehörte zum Kult der asiatischen Göttermutter Kybele, deren Priester sich selbst zu entmannen pflegten.

81,11 *Syrtenmeer:* Die Syrten, zwei Buchten der nordafrikanischen Küste, waren bei den Seeleuten wegen ihrer unberechenbaren Strömungen und Untiefen gefürchtet.

81,25 f. *mit dem Strick wilde Tiere zu fangen ... mit Hunden weite Wälder zu umzingeln:* Vergil, *Georgica* 1,139 f. Seneca zitiert aus dem Gedächtnis mit kleinen Abweichungen.

87,18 *Rutilius:* Publius Rutilius Rufus (um 158–78 v. Chr.) zeichnete sich in der Verwaltung der Provinz Asien 94 v. Chr. durch Gerechtigkeit und Strenge aus. Er zog sich dadurch den Hass der Steuerpächter zu, die ihn 92 v. Chr. erfolgreich wegen Erpressung der Provinzialen anklagten. Seine vielseitige, vor allem jedoch philosophische Bildung (er war Schüler des stoischen Philosophen Panaitios, um 180 – um 110 v. Chr.) stellte er in Reden, historischen und juristischen Schriften unter Beweis.

87,18 *Cato:* Wohl M. Porcius Cato der Jüngere, Urenkel des Cato Censorius, dessen Sittenstrenge er, den Stoikern nahestehend, nacheiferte. Seine republikanische Haltung brachte ihn in Opposition zu Caesar. Nach dessen Sieg über die Senatspartei in der Schlacht bei Thapsus 46 v. Chr. beging Cato Selbstmord.

87,20 *Demetrius:* kynischer Philosoph des 1. Jahrhunderts n. Chr. Seneca rühmt mehrfach seine Bedürfnislosigkeit und den Freimut seiner Rede.

88,1 *Diodor:* Nur durch diese Stelle bekannter Epikureer.

88,11 f. *Ich habe gelebt und die Bahn, die mir das Schicksal gab, vollendet:* Vergil, *Aeneis* 4,653.

88,29 f. *von ebenso vielen Marterhölzern wie Begierden auseinandergerissen:* Die Rede ist hier von den nach dem rechten Verhalten strebenden Anhängern der Philosophie, die immerhin das erreichen, dass sie nur an dem *einen* Kreuz ihrer menschlichen Unzulänglichkeit leiden und von ihren Lästerern, die von *zahlreichen* Leidenschaften, gleichsam an mehreren Kreuzen zugleich hängend, gequält werden.

90,21 f. *doch bei einem großen Unterfangen gescheitert:* Ovid (43 v. Chr. – um 17 n. Chr.), *Metamorphosen* 2,328.

91,19 *Curius:* Manius Curius Dentatus, Feldherr und Politiker des frühen 3. Jahrhunderts v. Chr. Er besiegte 290 v. Chr. die Samniten, 275 König Pyrrhos und wurde 272 zum Zensor gewählt. Er galt als Muster altrömischer Sittenstrenge; seine Bescheidenheit, Uneigennützigkeit und Unbestechlichkeit waren legendär. Der ältere Cato nahm ihn sich zum Vorbild.

91,20 *Coruncanius:* Tiberius Coruncanius, ein jüngerer Zeitgenosse des Curius, kämpfte 280 v. Chr. als Konsul gegen die Etrusker und König Pyrrhos und wurde um 254 als erster Plebejer *pontifex maximus.* Er galt als gewissenhafter Staatsmann und kenntnisreicher Jurist.

91,20 f. *wenige Plättchen Silber dem Zensor Anlass zur Rüge boten:* Silber war im alten Rom selten, der Besitz größerer Mengen verpönt. Der Konsular Publius Cornelius Rufinus wurde 275 v. Chr. wegen des Besitzes einiger Pfund Tafelsilber aus dem Senat gestoßen.

91,22 *Crassus:* Marcus Licinius Crassus (115–53 v. Chr.), im Jahr 60 v. Chr. mit Caesar und Pompeius im sogenannten Ersten Triumvirat verbündet, war der reichste Römer seiner Zeit.

91,23 *Cato Censorius:* Marcus Porcius Cato der Ältere (234–149 v. Chr.), das Urbild altrömischer Sittenstrenge schlechthin, wirkte 184 v. Chr. als Zensor besonders energisch gegen den Luxus.

98,9 *Pons Sublicius:* die älteste, ursprünglich auf hölzernen Pfählen errichtete Brücke Roms. Brücken waren allgemein ein beliebter Aufenthaltsort für Bettler.

98,23 *Toga praetexta:* mit einem breiten Purpurstreifen versehene Toga eines römischen Senators.

99,3 *Sokrates:* verkörpert hier den Weisen schlechthin.

99,4 f. *Wagen des Liber:* Der altrömische Gott Liber wurde mit dem griechischen Bakchos/Dionysos identifiziert. Dessen Zug nach dem fernen Indien und seine Rückkehr auf einem von Panthern gezogenen Triumphwagen fanden in hellenistischer Zeit Eingang in den Mythos (nach dem Vorbild des Alexanderzuges). Der Stadt Theben ist Bakchos/Dionysos durch seine Mutter, die thebanische Königstochter Semele, verbunden.

99,10 *eine fremde Trage:* Auf solchen Traggestellen wurden im Triumphzug die Trophäen und Beutestücke mitgeführt, ebenso wohl auch bedeutende Gefangene.

103,1 *Klapper:* oder Rassel, ein dem Isis-Kult zugehöriges Lärminstrument.

103,3 *die Arme aufzuschneiden:* In den Kulten der mit der römischen Kriegsgöttin Bellona identifizierten kappadokischen Göttin Ma und der phrygischen Göttermutter Kybele war das Aufritzen der Oberarme verbreitet. Die Verehrer (insbesondere die Priester) brachten der Göttin auf diese Weise ihr Blut als Opfer dar.

104,2 *Sokrates ruft laut aus jenem Kerker:* In seiner Gefängniszelle führte Sokrates, während er auf die Hinrichtung wartete, mit seinen Freunden und Schülern philosophische Gespräche (wie sie vor allem in den platonischen Dialogen *Kriton* und *Phaidon* nachgezeichnet sind).

104,11 f. *Aristophanes … Stoff für Scherze:* Aristophanes verspottete den Philosophen in seiner Komödie *Die Wolken* (aufgeführt 423 v. Chr.).

105,5 *Alkibiades und Phaidros:* Offensichtlich wurden Sokrates für seinen Umgang mit jungen Männern wie Alkibiades und Phaidros erotische Motive unterstellt.

106,13 *…?:* Die Überlieferung des Textes bricht hier mitten im Satz ab.

Nachwort

Im Oktober 54 n. Chr. stirbt Kaiser Claudius – wahrscheinlich keines natürlichen Todes. Die Prätorianergarde huldigt umgehend seinem Stiefsohn, dem siebzehnjährigen Nero, als *imperator*. Der Senat schließt sich mit der Übertragung der entscheidenden Amtsbefugnisse diesem Votum an. Der Thronwechsel ist vollzogen.

Die genannten Vorgänge waren nicht nur für Nero und seine ehrgeizige Mutter Agrippina von Bedeutung, sondern auch für den Redner, Publizisten und Philosophen L. Annaeus Seneca. Ihn brachte im Alter von etwa fünfzig Jahren die Thronbesteigung seines Zöglings nach zahlreichen Wechselfällen des Lebens ins Machtzentrum des Imperiums. In den nächsten Jahren waren er und der Prätorianerpräfekt Burrus die wichtigsten Berater Neros, ja die eigentlichen Lenker der kaiserlichen Politik. Der politischen Machtstellung Senecas entsprach seine ökonomische Situation. Schon von Haus aus begütert, wurde er jetzt durch zahlreiche Schenkungen Neros zu einem der reichsten Männer des Römischen Reiches.

Auch in dieser Zeit äußerer Macht und gesellschaftlichen Glanzes blieb Seneca rhetorisch, publizistisch und philosophisch tätig. Teilweise waren seine einschlägigen Aktivitäten mit seiner politischen Stellung verknüpft. So ist davon auszugehen, dass er nicht nur selbst im Senat rednerisch hervortrat, sondern auch für die rhetorischen Auftritte Neros verantwortlich zeichnete. In den Kontext seiner politischen Verantwortung gehört es auch, dass er bald, nachdem dieser sein Amt angetreten hatte, eine Mahnschrift an den jungen Kaiser richtete, in der er ihm die Milde, *clementia*, als einen zentralen Grundsatz monarchischer Herrschaft nahezubringen versuchte. Daneben führte Seneca aber auch seine im engeren Sinn philosophische Schriftstellerei weiter. Freilich sind wir in vielen Fällen nicht in der Lage, seine Schriften zu datieren, doch ist zumindest eine von ihnen mit an Sicherheit grenzender Wahrscheinlichkeit in diesen Jahren entstanden: die seinem älteren Bruder gewidmete Schrift *De vita beata – Vom glücklichen Leben.*

Überliefert ist das kleine Werk zusammen mit einer Reihe anderer Schriften Senecas unter dem Titel *dialogi.* Dieser stammt nicht vom Autor selbst und ist in Hinblick auf die literarische Form der in dem Corpus versammelten Werke eher irreführend. Senecas *De vita beata* wie seine anderen *dialogi* sind von den philosophischen Dialogen eines Platon oder Cicero durchaus verschieden. Von der Wiedergabe eines wirklichen oder fiktiven Gespräches kann nicht die Rede sein. Andererseits sind die *dialogi* auch keine nüchternen wissenschaftlichen Abhandlungen etwa im Stile der erhaltenen Werke des Aristoteles. Vielmehr handelt es sich um philosophische Essays mittleren Umfangs, die ein bestimmtes, nicht zu weit greifendes Thema abhandeln, indem sie dem Leser in einer Folge kleiner, ein bis zwei Kapitel umfassender Abschnitte wenige Grundgedanken mit suggestiver Eindringlichkeit zu vermitteln suchen. Wichtigstes Mittel solcher Eindringlichkeit ist die Technik der variierenden Wiederholung. Sie dient dazu, das Grundsätzliche in immer neuen Akzentuierungen und Nuancierungen wiederholt zu sagen und auf diese Weise der Seele des Lesers so intensiv wie möglich einzuprägen. Auch Sprache und Stil sind auf Effekt und psychagogische Wirkung angelegt. Statt ausgewogener Perioden haben wir kurze, oft sentenzenhaft verknappte Sätze; eingängige Parataxe hat den Vorrang vor differenzierender Hypotaxe; Pointen, Antithesen und eine oft verblüffende Metaphorik führen immer wieder zu schlagenden Formulierungen von starker Einprägsamkeit; dazu verleihen historische Beispiele (oft in anekdotischer Form), Einwürfe imaginärer Gesprächsteilnehmer (›hier könnte einer sagen‹; die Eingriffe sind wohl in erster Linie für den Titel *dialogi* verantwortlich) und Passagen, in denen der Autor durch die Maske bekannter Persönlichkeiten spricht (›sagt jener Sokrates‹), dem Gesagten Anschaulichkeit und Nachdruck. Kurz: die *dialogi* Senecas wollen den Leser weniger rational überzeugen als ihm durch gleichzeitige Ansprache verschiedener psychischer Schichten eine bestimmte Weltsicht und Lebenshaltung intensiv nahebringen.

Im Fall von *De vita beata* betrifft dies eines der zentralen Themen der antiken Philosophie. Gegenstand der Schrift ist, wie der Titel anzeigt, das glückliche Leben. Darunter ist nicht einfach ein Leben subjektiven Wohlbefindens zu verstehen. Vielmehr fragt die antike Philosophie, wo sie nach der Eudaimonie (Glückseligkeit), der *beatitudo* oder der *vita beata* fragt, nach dem objektiv gelingenden, dem erfüllten, dem guten Leben. Dies gilt für Platon, und es gilt für Aristoteles, in dessen Philosophie der Begriff der Eudaimonie erstmals zentrale Bedeutung gewinnt; es gilt für die hellenistische Philosophie, die sich nun sogar vorrangig als Anleitung zum glücklichen Leben versteht, und es gilt für die römische Philosophie, die in der Tradition der hellenistischen steht.

Wie bestimmt Seneca die so verstandene *vita beata*? Welches ist die philosophische Position, die er vertritt? Der Autor lässt hierüber keinen Zweifel aufkommen. Gleich in den Einleitungskapiteln gibt er an, dass er als Stoiker schreibe, wobei er aber keinem der Schulhäupter sklavisch folge, sondern sich das Recht auf eine eigene Meinung vorbehalte (Kap. 3). Diese Aussage erweist sich als zutreffend: Senecas Position ist die stoische, aber eigene Akzente sind deutlich.

Die Eudaimonie lag für die orthodoxe Stoa in einem Leben in Übereinstimmung mit der Natur. Das göttliche Prinzip, das die Allnatur durchwaltet, ist die Vernunft. Daraus ergibt sich, dass ein Leben, wenn es sich in Übereinstimmung mit der Natur befinden soll, von der Vernunft geleitet sein muss. Das Feld, auf dem sich diese vor allem zu bewähren hat, ist das der Bewertung der Dinge als Güter oder Übel. Es ist zugleich dasjenige Feld, auf dem sich die antiken Philosophenschulen am deutlichsten unterschieden. Die Position der Stoa war hierbei klar, wenngleich differenziert. Das einzige wirkliche Gut ist die moralische Gutheit, die Tugend, das einzige Übel die moralische Schlechtigkeit, das Laster. Alle anderen Dinge sind neutral. Das glückliche Leben, das Leben in Übereinstimmung mit der Natur, das vernunftgeleitete Leben, wird sich somit dadurch auszeichnen, dass es auf die Tugend als das einzige Gut ausgerichtet ist.

Im Sinn der lebenspraktischen Notwendigkeiten nahm allerdings bereits der Schulgründer Zenon (333/332–262 v. Chr.) im Bereich der neutralen Dinge eine Stufung vor. Zwar ist deren Besitz im Hinblick auf die Glückseligkeit tatsächlich ohne Bedeutung, da diese allein durch die Tugend gesichert wird, doch sind wir von Natur darauf angelegt, einen Teil der eigentlich wertneutralen Dinge wie Gesundheit, Reichtum und Ansehen ihrem jeweiligen Gegenteil vorzuziehen. Dementsprechend wird der Vernünftige da, wo Gutheit und Schlechtigkeit nicht in Frage stehen, den Erwerb oder Besitz dieser Dinge dem ihres Gegenteils vorziehen.

Seneca übernimmt alle diese Punkte ohne Einschränkung. Insgesamt stehen seine Ausführungen über die *vita beata* fest auf dem Boden der orthodoxen stoischen Lehre. Eigene Akzente lassen sich an zwei Punkten konstatieren. Zum einen fällt die Betonung von innerer Harmonie, Freude und Heiterkeit als eines Momentes des glücklichen Lebens auf. Der bedeutendste Denker der Stoa, Chrysipp (281/277–208/204 v. Chr.), hatte festgestellt, dass zwar Tugend und vernünftige Wahrnehmung bei allen Vernünftigen und jederzeit vorhanden seien, Freude aber und Wohlgestimmtheit weder bei allen Vernünftigen noch immer. Zu dieser Aussage steht die Intensität, mit der Seneca die Freude als ein mit Notwendigkeit vorhandenes Moment der *vita beata* hervorhebt, in Spannung.

Vergleichbares lässt sich in Bezug auf das Problem des Reichtums beobachten, mit dem sich der zweite Teil der Schrift über weite Strecken beschäftigt. Während die ältere Stoa den Reichtum wohl lediglich als eines der neutralen, wenn auch vorzuziehenden Dinge qualifizierte, ohne die daraus sich ergebenden Probleme ausführlicher zu diskutieren, behandelten Vertreter der mittleren Stoa (2. Jahrhundert v. Chr.) die entsprechenden Fragen eingehender, wobei sie zugleich die positiven Aspekte des Reichtums stärker hervorhoben. Auch in diesem Fall befand sich Seneca zwar nicht im direkten Widerspruch zur älteren Stoa, stand aber den Vertretern der mittleren Stoa näher und ging möglicherweise noch über sie hinaus: Dass die Diskussion der Reichtumsproblematik weite Teile einer Abhandlung über das glückliche Leben beherrschte, dürfte im stoischen Schrifttum ebenso wenig eine Parallele gehabt haben wie die Behauptung, dass manche der vorzuziehenden Dinge »zu der beständigen Fröhlichkeit« beitrügen, »die aus der Tugend entsteht«, und »der Reichtum« den Weisen »erfreue wie den Schiffsreisenden ein günstiger Fahrtwind, wie ein schöner Tag und in der Kälte des Winters ein sonniger Platz« (Kap. 22).

Indes wirft weniger der philosophische Gehalt als die Wirkabsicht von *De vita beata* Fragen auf: Die erste Hälfte der Schrift scheint den Leser, wie die meisten *dialogi* Senecas, zur rechten Weltsicht und Lebenshaltung hinführen zu wollen; die zweite Hälfte dagegen unternimmt es, ihn von der Glaubwürdigkeit und der Untadeligkeit der Philosophen, und das heißt nicht zuletzt Senecas selbst, zu überzeugen. Teil 1 dient der Psychagogie des Lesers um seiner selbst, Teil 2 seiner Psychagogie um Senecas willen.

Doch stehen beide Wirkabsichten miteinander in Zusammenhang. Senecas philosophische Schriftstellerei ist weitgehend (wie im ersten Teil von *De vita beata*) Seelenführung, die den Leser nicht nur rational zu überzeugen, sondern in seiner Weltsicht und Lebenshaltung ganzheitlich zu beeinflussen sucht. Da nun weniger rational argumentiert als Psychagogie getrieben wird, hängt die Überzeugungskraft des Vorgetragenen in hohem Maß von der Glaubwürdigkeit des Vortragenden ab. Das aber heißt, dass dieser in dem Augenblick, in dem seine

Glaubwürdigkeit ins Zwielicht gerät, alles versuchen muss, um sie aufs Neue ins rechte Licht zu setzen. Genau das ist es, was Seneca im zweiten Teil von *De vita beata* tut. Warum tut er es gerade hier? Das hat gewiss mit der Thematik dieser Schrift zu tun. Wo dem Leser eine bestimmte Weise der Lebensführung nahegebracht werden soll, da stellt sich die Frage, wie es um das Verhältnis von Lehre und Leben des Autors bestellt ist, mit besonderer Dringlichkeit. Ein zweiter Grund aber dürfte in den persönlichen Umständen Senecas zum Zeitpunkt der Abfassung der Schrift liegen.

Wie bereits ausgeführt, ist *De vita beata* nach allem, was wir wissen, in den Jahren entstanden, in denen der Philosoph auf dem Höhepunkt seiner Macht und seines Reichtums stand und also die Glaubwürdigkeit seines Stoizismus besonders gefährdet war. Aus einer Passage der *Annalen* des Tacitus (13,42 f.) geht hervor, dass in einem vielleicht von Seneca lancierten Prozess des Jahres 58 der Angeklagte P. Suillius gegen den Philosophen gerade solche Vorwürfe erhob, wie dieser sie im zweiten Teil von *De vita beata* zurückzuweisen sucht. Nach Ausfällen wegen Senecas angeblichem Ehebruch mit einer der Töchter des Germanicus geht der taciteische Suillius auf den Reichtum Senecas ein: »Wie hat er es gemacht, durch seine Weisheit, seine philosophischen Lehrsätze in vierjähriger Freundschaft mit dem Prinzeps 300 Millionen Sesterzen zusammenzuraffen? In Rom weiß er die kinderlosen Erblasser in seine Netze zu locken, in Italien und den Provinzen stöhnt alles unter den riesigen Zinssätzen, die ihm zufließen. Was habe ich dagegen? Ein kleines, durch Arbeit erworbenes Vermögen. Und lieber will ich vor Gericht stehen, Gefahren und Verfolgungen zu erdulden haben, als mich mit meinem alten, selbst erworbenen Namen vor einem Glücksritter beugen.«

Natürlich braucht *De vita beata* nicht Senecas unmittelbare Reaktion auf die von Suillius vorgebrachten Beschuldigungen darzustellen, aber wenn der Text in den späten 50er Jahren entstanden ist, dann ist die Zielrichtung des zweiten Teils der Schrift verständlich. Indem er darlegt, dass auch ein Philosoph die »vorzuziehenden« unter den eigentlich wertneutralen Dingen genießen und zumal reich sein darf, sofern er nur seine innere Unabhängigkeit bewahrt, dient er dazu, den Darlegungen des ersten Teils ihre Wirkung zu sichern. Indem er zeigt, dass Reichtum und Macht einen Philosophen nicht unglaubwürdig machen, erhält er der Lehre von einer *vita beata*, die in nichts anderem als der *virtus* gründet, ihre Überzeugungskraft. In diesem Sinn bilden beide Teile der Schrift ein vielleicht nicht völlig einheitliches, aber doch sinnvolles Ganzes.

Indes kann Literatur die Übereinstimmung von Lehre und Leben zwar eloquent suggerieren, aber nicht erweisen. Seneca war sich dessen wohl bewusst. Ihm war klar, dass er als philosophischer Seelenlenker mindestens ebenso wie durch seine Schriften durch sein Leben wirken musste. Wie groß war dessen Übereinstimmung mit allem, was Seneca in seinen Schriften verkündete?

Natürlich kann diese Frage hier nicht umfassend behandelt werden. Aber auf einen wesentlichen Punkt sei doch eingegangen. Das Hauptargument Senecas bei seiner Verteidigung des die »vorzuziehenden« Dinge genießenden Philosophen ist die These, dass deren Genuss die innere Unabhängigkeit von ihnen keineswegs ausschließt und der Philosoph auf sie, wenn die Umstände es verlangen, ohne Schmerz und Reue verzichten wird.

Die letzte Phase seines Lebens bot Seneca Gelegenheit, zu zeigen, dass diese Lehren keine leeren Phrasen waren. Auch wer ihm nicht wohlgesinnt ist, wird zugestehen müssen, dass er diese Gelegenheit ergriffen hat. Als die Entwicklungen zu Beginn der 60er Jahre es nicht mehr angebracht erscheinen ließen, weiterhin im Machtzentrum des kaiserlichen Hofes zu verbleiben, bat Seneca Nero in einer von Tacitus eindrucksvoll geschilderten Audienz (*Annalen* 14,53–56) um die Erlaubnis, sich ins Privatleben zurückziehen und ihm seine Schenkungen zurückgeben zu dürfen. Sein ehemaliger Zögling lehnte dies in einer Rede, deren Qualität dem früheren Lehrmeister Ehre machte, mit aller Höflichkeit ab. Gleichwohl führte Seneca von diesem Zeitpunkt an, Krankheit vorschützend, ein Leben philosophischer Beschaulichkeit fern der Macht und in aller äußeren Bescheidenheit. Und als der Brand Roms den von der Idee eines großangelegten Neuaufbaus faszinierten Kaiser für solche Spenden empfänglicher machte, gab er Nero tatsächlich große Teile seiner früheren Schenkungen zurück.

Wie von Reichtum und Macht verstand Seneca schließlich auch vom Leben Abschied zu nehmen. Als ihm im Zusammenhang mit der Aufdeckung der Pisonischen Verschwörung der Selbstmord befohlen wurde, kam er dem Befehl ohne Zögern und mit Entschlossenheit nach.

Mit diesen Bemerkungen sollen die entscheidenden Punkte der hier angesprochenen Problematik wie die Morde an Britannicus und Agrippina, die Seneca nicht veranlasst hatte, aber mit denen er zu leben verstand, oder auch sein während der ersten Regierungsjahre Neros ins Unendliche wachsender Reichtum nicht beiseitegeschoben werden. Es sollte lediglich angemerkt werden, dass Seneca die Lehren, die er auf dem Höhepunkt seiner Macht und seines Ansehens in *De vita beata* verkündet hatte, in der kritischen letzten Phase seines Lebens selbst befolgte und nun nicht nur durch Worte, sondern auch durch das »Bild seines Lebens« (Tacitus, *Annalen* 15,62,1) und, wie wir hinzufügen können, seines Sterbens lehrte, wie seiner Auffassung nach ein Weiser handeln soll.

Zeittafel

27 v. Chr. – 14 n. Chr.	Regierungszeit des Kaisers Augustus
1 v. Chr. (?)	Geburt des Lucius Annaeus Seneca in Corduba (Spanien)
um 13–19 n. Chr.	Philosophische Studien Senecas in Rom
14	Regierungsantritt des Tiberius
um 25 – 31	Senecas Reise nach Ägypten
34–35 (?)	Seneca Quaestor
37	Tod des Tiberius. Regierungsantritt Caligulas. Geburt Neros
38–39 (?)	Magistratur Senecas (Volkstribunat?)
39	Tod von Senecas Vater
39/40	*Ad Marciam de consolatione* (dt. *Trostschrift an Marcia*)
41	Ermordung Caligulas. Regierungsantritt des Claudius Verbannung Senecas nach Korsika wegen angeblichen Ehebruchs mit Caligulas Schwester Iulia Livilla *De ira* (dt. *Vom Zorn*) Senecas Tragödien sind nicht mit Sicherheit datierbar – einige davon entstanden vermutlich während seiner Verbannung (41–49): *Hercules furens* (dt. Der rasende Herkules), *Troades* (dt. *Die Troerinnen*), *Phoenissae* (dt. *Die Phönikerinnen*), *Medea*, *Phaedra*, *Oedipus*, *Agamemnon*, *Thyestes* und *Hercules Oeteus* (dt. *Herkules auf dem Öta* – Echtheit fraglich).
42	*Ad Helviam matrem de consolatione* (dt. *Trostschrift an die Mutter Helvia*)
43/44	*Ad Polybium de consolatione* (dt. *Trostschrift an Polybius*)
49	Rückberufung Senecas aus der Verbannung. Seneca designierter Praetor *De brevitate vitae (dt. Von der Kürze des Lebens*)

50	Adoption Neros durch Claudius. Seneca Praetor
53/54	*De tranquillitate animi* (dt. *Von der Gemütsruhe*)
54	Tod des Claudius. Regierungsantritt Neros Die Schmähsatire *Apocolocyntosis* (*Divi Claudii apotheosis oder Ludus de morte Claudii*; dt. *Die Verkürbissung des Kaisers Claudius*) ist eine Parodie auf die Apotheose des Kaisers Claudius.
55?	*De constantia sapientis* (dt. *Von der Standhaftigkeit des Weisen*)
55/56	Seneca Konsul. Führung der Regierungsgeschäfte mit dem Prätorianerpräfekten Burrus
um 56	*Ad Neronem de clementia* (dt. *An Nero über die Milde*)
58	*De vita beata* (dt. *Vom glücklichen Leben*)
59/60?	*De beneficiis* (dt. *Über die Wohltaten*)
62	Senecas Bruch mit Nero. Rückzug aus der Politik *De otio* (dt. *Von der Muße*)
ab 62	*Naturales quaestiones* (dt. *Naturwissenschaftliche Untersuchungen*); *Epistulae morales ad Lucilium* (dt. *Briefe an Lucilius über Ethik*)
um 63	*De providentia* (dt. *Von der Vorsehung*)
64	Der große Brand von Rom
65	Entdeckung der Pisonischen Verschwörung. Senecas Tod durch (befohlenen) Selbstmord
68	Aufstand des Vindex. Neros Tod

Inhalt

Von der Kürze des Lebens 5
Anmerkungen 46
Nachwort 51

Vom glücklichen Leben 57
Anmerkungen 107
Nachwort 110

Zeittafel 118

Lateinische Originaltitel:
De brevitate vitae | *De vita beata*

RECLAM TASCHENBUCH Nr. 20695
2023 Philipp Reclam jun. Verlag GmbH,
Siemensstraße 32, 71254 Ditzingen
info@reclam.de
Umschlaggestaltung: Philipp Reclam jun. Verlag GmbH
Umschlagabbildung: mauritius images / Alamy / Sunny Celeste
Umschlagmaterial: PEYVIDA puro 270 g/m², peyer cover gmbh
Druck und Bindung: GGP Media GmbH,
Karl-Marx-Straße 24, 07381 Pößneck
Printed in Germany 2026
RECLAM ist eine eingetragene Marke
der Philipp Reclam jun. GmbH & Co. KG, Stuttgart
ISBN 978-3-15-020695-9
reclam.de

MIX
Papier | Fördert gute Waldnutzung
FSC® C014496

OVID
Metamorphosen
RECLAM